Sprache, Literatur, Kommunikation – Geschichte und Gegenwart / Nr. 12

Die Ökologie von Texttypen und multimodalen Angeboten in der Außenkommunikation von Theatern

Linguistische Grundlagen und Fallstudie

Tanja Škerlavaj

Gießen

Giessen University Library Publications

2019

Sprache, Literatur, Kommunikation – Geschichte und Gegenwart / Nr. 12
Hg. von Thomas Gloning

Schlagwörter: Theater, Außenkommunikation von Theatern, Textsorten, Textsortennetze,
Multimodalität, kommunikative Ökologie

ISBN: 978-3-944682-42-6 (Paperback)
ISBN: 978-3-944682-43-3 (Hardcover)
URL: http://geb.uni-giessen.de/geb/volltexte/2018/13927/
URN: urn:nbn:de:hebis:26-opus-139273

Giessen University Library Publications, Gießen 2019
(Die elektronische Fassung erschien im Jahr 2018)

Druck und Herstellung: tredition GmbH, Halenreie 40-44, 22359 Hamburg

Inhaltsverzeichnis

Die Ökologie von Texttypen und multimodalen Angeboten in der Außenkommunikation von Theatern Linguistische Grundlagen und Fallstudie

Tanja Škerlavaj

Abstract

In der Außenkommunikation von Theatern sind eine ganze Reihe typischer und wiederkehrender kommunikativer Aufgaben zu erfüllen. In Bezug auf diese Aufgaben hat sich evolutionär ein eigenes Kommunikationsaufkommen von Textsorten und multimodalen Angeboten herausgebildet, das einer eigenen zeitlichen Logik, der koordinierten Abstimmung von Akteuren und einer spezifischen Kombinatorik von Medien und Vorkommensorten folgt. Dieser komplexe Funktionszusammenhang wird in einem umfangreicheren Forschungsprojekt aus textlinguistischer und multimodaler Perspektive untersucht. Damit soll eine Forschungslücke geschlossen werden, die darin besteht, dass in der Textsorten- und Multimodalitätsforschung bis dato keine breit angelegten Untersuchungen zum Verhältnis von Textsorte/Kommunikationsangebot und kultureller Institution Theater vorliegen. In der vorliegenden Studie sollen zum einen die methodisch-theoretischen Grundlagen für das geplante Projekt erarbeitet und beschrieben werden. Zum anderen soll die Studie der eigenständigen Erprobung des gewählten theoretisch-methodischen Instrumentariums an einem noch begrenzten empirischen Datenausschnitt dienen. Dabei soll gezeigt werden, wie in der kulturellen Institution Theater nicht nur die Bühnendarbietungen und die künstlerischen Texte, sondern auch zahlreiche „nicht-poetische" Textsorten und multimodale Angebote zum Funktionieren der komplexen Institution Theater beitragen.

Danksagung

Für die Idee zur Auseinandersetzung mit dem Textsortennetz „Theater" und für ihre wertvolle Unterstützung möchte ich mich ganz herzlich bei Prof. Dr. Ulla Fix bedanken. Prof. Dr. Thomas Gloning danke ich besonders herzlich für unsere zahlreichen intensiven Diskussionen über kommunikative Ökologien und seine fachkundige und konstruktive Begleitung der Fallstudie im Entstehen. Thomas Gloning und Andre Pietsch danke ich zudem für die kompetente und geduldige Betreuung rund um die Redaktion der Studie.

1. Einleitung

1.1 Gegenstand der Untersuchung

Die Bühne, das Publikum, Beleuchtung, Kostüme, artikulierte Sprache, Mimik und Gestik der Schauspieler – das sind Assoziationen, die wir normalerweise mit dem Begriff „Theater" verbinden. Jedoch lässt sich die kulturelle Institution Theater nicht nur über die Bühne, über ihre Schauspieler und Theaterstücke, sondern auch über ihre nicht-poetischen Textsorten und Kommunikationsangebote charakterisieren – auch die Textsorten wie Programmheft, Spielplan und Kritik verfügen über eine Funktion für das Theater und seine Aktivitäten.

Was bedeutet es nun, wenn man einen Bezug zwischen (Sach-)Text und kultureller Institution annimmt? Wie kommunizieren Theaterinstitutionen durch ihre (nicht-poetischen) Texte? Inwiefern werden Textsorten und Kommunikationsangebote durch die kulturelle Institution bestimmt? In der vorliegenden Untersuchung wird versucht, diese Fragen anhand des Konzeptes der „Ökologie" von Texttypen und Kommunikationsangeboten in der Außenkommunikation von Theatern[1] zu beantworten.

Im Hinblick auf die kulturelle Institution Theater und ihre Leistungen sind eine ganze Reihe typischer und wiederkehrender kommunikativer Aufgaben (Luckmann 1986) und Funktionen zu erfüllen, in Bezug auf welche sich evolutionär ein eigenes Kommunikationsaufkommen von Texten und multimodalen Angeboten herausgebildet hat. Dieser Funktionskreis und seine Komponenten werden in der vorliegenden Studie mit dem Ankerbegriff „Ökologie" bezeichnet. Diese Thematik ist in ein umfangreicheres Forschungsprojekt eingebettet, in dem der Zusammenhang zwischen Text(sorte) und kultureller Institution im Mittelpunkt steht. Ziel der geplanten Habilitationsschrift ist es, die Grundstruktur der Ökologie von Texttypen und multimodalen Angeboten in der Außenkommunikation von Theatern, d. h. die im Rahmen dieser Ökologie zu bewältigenden kommunikativen Aufgaben und Funktionen sowie das Zusammenspiel unterschiedlicher zur Ökologie gehörender Angebotstypen für diese Funktionen zu beschreiben und damit festzustellen, wie die kulturelle Institution Theater durch ihre (nicht-poetischen) Texte kommuniziert. Die Resultate der vorliegenden und der sich daran anschließenden

---

[1] Zu der Außenkommunikation von Theatern werden die kommunikativen Angebote gezählt, die sich an das „Publikum", an potenzielle Theaterbesucher richten und nicht der internen Kommunikation dienen (wie etwa bei Regiebüchern, Anweisungen für Techniker, Rundmails an Mitarbeiter, Sitzungsprotokollen oder Arbeitsverträgen der Fall ist).

weiterführenden Arbeit sind somit zum einen ein wichtiger empirischer Beitrag zur Beschreibung des kommunikativen Haushalts (Luckmann 1986) einer wichtigen kulturellen Institution. Zum anderen wird damit ein wichtiger Beitrag zur Theorie-bildung im Rahmen der Textlinguistik, der Multimodalitätsforschung und vor al-lem zum nach wie vor „neuen" und aktuellen Thema der „größeren" kommunika-tiven Zusammenhänge jenseits der Texttypen geleistet. In der vorliegenden Studie sollen die methodisch-theoretischen Grundlagen für das geplante Projekt beschrie-ben und die erarbeiteten Ansätze dann an einer Fallstudie veranschaulicht und er-probt werden.

1.2   Ziele und Fragestellungen

Im Zusammenhang mit der Aufgabe, die kommunikative Landschaft einer kultu-rellen Institution zu beschreiben, ist Ziel der vorliegenden Studie, (zum Teil in An-lehnung an frühere Konzeptionen) eine eigene Konzeption zu entwickeln und diese dann anhand einer Fallstudie in Anwendung zu erproben. Dabei soll insbesondere folgenden Untersuchungsfragen nachgegangen werden:

(1) Welche Arten von Texten und multimodalen Angeboten sowie welche wei-teren Komponenten werden in der Außenkommunikation von Theaterinsti-tutionen typischerweise genutzt?

(2) Wie sind die einzelnen Textsorten und multimodalen Angebote auf die grundlegenden Funktionen bzw. kommunikativen Aufgaben in der Außen-kommunikation von Theatern bezogen?

(3) Inwieweit wirkt sich die Gebundenheit dieser Textsorten an die kulturelle Institution Theater auf die Textproduktion und -rezeption aus?

(4) Welches sind die Thematisierungsanlässe für einzelne zur kommunikativen Ökologie „Theater" gehörenden Texttypen und wie ist ihre zeitliche Dyna-mik in einer Spielzeit?

(5) Wie ist die thematische Organisation in den Angeboten der behandelten kommunikativen Ökologie und welche Funktionen erfüllen die einzelnen Angebote?

(6) Welches sind die typischen Äußerungsformen und Formulierungsmuster so-wie die Kommunikationsprinzipien der zur Ökologie „Theater" gehörenden Kommunikationsangebote?

(7) Welche Medien und Modalitäten werden in der Außenkommunikation von Theatern inwiefern genutzt?

(8)   Wie wirkt sich der Ort der Veröffentlichung auf die zur Theater-Ökologie gehörenden Kommunikationsangebote aus?

(9)   Welche Arten von Zusammenhängen gibt es zwischen den unterschiedlichen Textsorten und multimodalen Angeboten und wie lässt sich die innere Struktur dieser Textlandschaft funktional charakterisieren?

Mit der Untersuchung der nicht-poetischen Texte in der Außenkommunikation von Theatern soll eine Forschungslücke geschlossen werden, die darin besteht, dass bis dato keine breit angelegten Untersuchungen solcher komplexen Systeme von Textsorten und kommunikativen Angeboten im Bereich der Kunstkommunikation vorliegen (siehe Abschnitt 1.4). In der vorliegenden Studie soll am Fallbeispiel des Stadttheaters Gießen gezeigt werden, wie sich solche kommunikativen „Ökologien" im Umkreis von kulturellen Institutionen beschreiben und untersuchen lassen.

1.3   Material und Methoden

Um die Textsortenwelt bzw. die kommunikative Ökologie der kulturellen Institution Theater möglichst adäquat zu beschreiben, werden in der vorliegenden Studie – nach einer Auseinandersetzung mit den theoretischen Grundlagen – Beschreibungsmittel aus den Bereichen der Textlinguistik, der Text/Bild-Forschung, der Multimodalitätsforschung sowie von Ansätzen zur Medienspezifik und zur Lokalität (Ortsgebundenheit) kommunikativer Angebote herangezogen. Als empirische Grundlage der Untersuchung dient ein Korpus mit den für die Ökologie der Außenkommunikation von Theatern wichtigsten Textsorten und Kommunikationsangeboten: Spielzeitheft, Spielplan, Website, Schauspielerporträt, Abo-Heft, Programmheft, (Vor-)Ankündigung, Newsletter, Facebook-Profilseite und Twitter-Seite, Werbetext, Eintrittskarte, Stückzettel und Kritik. Die für die hier durchzuführende Fallstudie gesammelten Texte und multimodalen Angebote stammen aus dem Stadttheater Gießen und gehören zu fünf Theateraufführungen aus zwei verschiedenen Spielzeiten (2016/17 und 2017/18). Diese werden – wo das notwendig erscheint – durch kommunikative Angebote anderer Theaterinstitutionen (überwiegend des Schauspiels Leipzig) ergänzt.[2] Die behandelten Texte und Kommunikationsangebote sind multimodal und unterscheiden sich zudem im Hinblick auf ihre Medialität. So kann eine Theaterinszenierung beispielsweise in der Zeitung, im

---

[2]   Ein solches Kommunikationsangebot, das Leporello des Schauspiels Leipzig, stammt ausnahmsweise aus der Spielzeit 2014/15 (vgl. Abb. 59).

Newsletter oder auf Facebook angekündigt werden, ähnlich gibt es Werbetexte im Kommunikationsbereich „Theater", die durch Medienformate wie „Plakat", „Flyer", „Facebook-Video" oder sogar „Postkarte" realisiert werden.

Für die Beschreibung der Ökologie von Texten bzw. Texttypen und multimodalen Angeboten in der Außenkommunikation von Theatern wird in der vorliegenden Studie die sog. Top-down-Perspektive gewählt. Das heißt, dass es sich forschungsstrategisch zunächst nicht um Analysen einzelner zur Ökologie gehörender Texttypen bzw. Textexemplare handeln wird (wie es in „klassischen" textlinguistischen Arbeiten normalerweise üblich ist), denn eine solche Vorgehensweise würde wegen der Vielzahl der zu analysierenden kommunikativen Angebote den Rahmen einer Fallstudie sprengen. Außerdem werden im Konzept einer kommunikativen Ökologie (über die Eigenschaften einzelner kommunikativen Angebote hinaus) die Wechselbeziehungen zwischen den einzelnen Textsorten/kommunikativen Angeboten bzw. zwischen den Textsorten/Angeboten und der Institution Theater in den Vordergrund gestellt. In der Studie handelt es sich somit um eine exemplarische Darstellung der zentralen Aspekte der kommunikativen Ökologie und der dazu gehörenden multimodalen Angebote sowie um die Beschreibung der aufgrund dieser Aspekte entstandenen Relationen.

Indem die Ökologie in der Außenkommunikation von Theatern „ganzheitlich" beschrieben wird, d.h. hinsichtlich der zu erledigenden kommunikativen Aufgaben und Funktionen, hinsichtlich der (Teil-)Themen, typischer Äußerungsformen, Kommunikationsprinzipien und graphischer Gestaltung der Texte/Angebote, hinsichtlich weiterer zur Ökologie gehörender Komponenten wie etwa der Akteure, der Nutzung von Medien, der zeitlichen Dynamik und der Ortsgebundenheit ihrer Textsorten sowie hinsichtlich verschiedener (z. B. thematischer und funktionaler) Relationen zwischen den einzelnen Texten bzw. Texttypen/Angeboten analysiert wird, soll die innere Struktur dieser Ökologie näher charakterisiert werden.

Dabei ist zu berücksichtigen, dass es sich hier um eine Fallstudie handelt, die auf einem kleinen Korpus von vierzehn Textsorten bzw. Arten von kommunikativen Angeboten (überwiegend) aus einer Theaterinstitution basiert. Dabei wird in der Regel ein Textexemplar pro Texttyp/ Art von Kommunikationsangebot (z. B. ein Stückzettel, ein Programmheft, ein Spielzeitheft usw.) als Beispiel verwendet, nur in seltenen Fällen werden mehrere Textexemplare pro Textsorte behandelt, um verschiedene Darstellungsmöglichkeiten, Strukturen und Funktionen dieser Textsorte aufzuzeigen. Dies führt zu Beobachtungen, die Aufschluss über Tendenzen der Gestaltung einer Ökologie der Außenkommunikation von Theatern geben können, die Ergebnisse der Fallstudie sind aber nicht als verallgemeinerungswürdige

Befunde zu verstehen. Für eine empirisch fundierte Untersuchung ist u.a. ein größeres Korpus mit Texten und kommunikativen Angeboten aus mehrerer Theaterinstitutionen und verschiedenen Spielzeiten erforderlich.

1.4 Aktueller Forschungsstand

Die vorliegende Studie dient als Vorarbeit für das geplante Forschungsprojekt, in dem zwei grundlegende Forschungslücken geschlossen werden sollen.

Forschungslücke 1: Institutionelle Kommunikation im Bereich Theater

In der Sprachwissenschaft ist der gesellschaftliche Funktionsbereich der Kunst bis in die 2000er Jahre hinein als Untersuchungs- und Erkenntnisobjekt unterrepräsentiert. Zwar ist die institutionelle Kommunikation, die beispielsweise auch in der Dialogforschung relativ gut untersucht worden ist (Gülich 1981, Drew/Sorjonen 1997), in Form einer Klassifikation der Textsorten nach Kommunikationsbereichen (Alltag, Verwaltung, Rechtswesen, kirchlicher Bereich, Schule, Hochschule und Wissenschaft, Medizin etc.) in den HSK-Bänden zur Text- und Gesprächslinguistik (Brinker et al. 2000) vorzufinden. Der Bereich des Kulturbetriebs wird dort jedoch nicht behandelt (vgl. Adamzik 2004, 72). Es gibt zwar Studien zu bestimmten Textsorten wie z. B. zur Kunst- bzw. speziell der Musikkritik (Böheim 1987, Beile 1997, Löffler 2006), zur Filmkritik (Stegert 1993, Schnee 1995, Holly 2007), zur Theater- (Gloning 2008) und Literaturkritik (vgl. Thim-Mabrey 2007) sowie neuerdings auch Versuche, die sog. Kunstkommunikation, vor allem Kommunikation über die bildende Kunst, als Gegenstand der Linguistik zu betrachten (Hausendorf 2007, Hausendorf 2011). Der Zusammenhang zwischen (Sach-)Text und (bildender) Kunst wird zudem in einigen Aufsätzen zu sprachlichen Strategien von Audioguides (Fandrych/Thurmair 2015) bzw. zur Vernetzung kommunikativer Praktiken in der Audioguidekommunikation (Spieß 2017) thematisiert. Einen ersten systematischen Überblick darüber, „welche Rolle(n) die Sprache für die Kommunikation mit und durch Kunst spielt" (Hausendorf/Müller 2016, IX), bietet der Band *Handbuch Sprache in der Kunstkommunikation* der Reihe „Handbücher Sprachwissen" (Hausendorf/Müller 2016). Auch dieses Handbuch beschränkt sich allerdings auf den Bereich der bildenden Kunst. Als komplementäre Darstellung zur Sprachkunst ist der Band *Handbuch Sprache in der Literatur* der Reihe „Handbücher Sprachwissen" (Betten/Fix/Wanning 2017) zu sehen. Untersuchungen zur Kommunikation anderer kultureller Institutionen, vor allem solcher, die die prozessual-performative Kunst betreiben (wie etwa Schauspielhäuser, Opern, Konzertsaalgebäude usw.), sind bisher in der Sprachwissenschaft jedoch nur spärlich vorhanden.

Eine Ausnahme stellt das von Stephan Habscheid und Erika Linz geleitete Projekt *Theater im Gespräch. Sprachliche Kunstaneignungspraktiken in der Theaterpause* dar, mit dem sprachliche Alltagspraktiken in der Institution Theater im Rahmen einer linguistisch fundierten Erforschung institutioneller Kommunikation zum ersten Mal Beachtung finden. Dieses Projekt untersucht allerdings Pausen-/Foyergespräche im Theater auf gesprächsanalytischer Basis (vgl. Habscheid et al. 2016, Gerwinski/Habscheid/Linz 2018) – dadurch sind andere (nicht gesprochene) kommunikative Praktiken im Umkreis der Institution Theater aus der Untersuchung ausgeschlossen.

Darüber hinaus hat die Diskussion um das Theater außerhalb der Literatur- bzw. Theaterwissenschaften bereits in den 80er Jahren den Bereich der Semiotik erreicht. So hat Erika Fischer-Lichte (2007a, 2007b, 2009) (lange vor der Sprachwissenschaft) die Relevanz der Multimodalität erkannt, die im Wesen des Theaters liegt. Allerdings geht es ihr um den künstlerischen Bereich und nicht um den „praktischen". Die nicht-künstlerische Seite des Theaters wird von Fischer-Lichte nicht behandelt – die nicht-poetischen Kommunikationsangebote und ihre Bedeutung stehen in ihren Untersuchungen nicht im Fokus.

In der Textsorten- und Multimodalitätsforschung liegen somit bis dato keine breit angelegten Untersuchungen zum Verhältnis von Textsorte/Kommunikationsangebot und kultureller Institution Theater vor.

Forschungslücke 2: Eine Konzeption für die Systematisierung komplexer kommunikativer Zusammenhänge

Wie aus dem obigen Abschnitt zur Forschungslücke 1 ersichtlich, setzten sich die meisten Sprachwissenschaftler im Bereich der Kunstkommunikation bisher mit der Erforschung einzelner Textsorten wie etwa Musik-, Film-, Theater- oder Literaturkritik (vgl. Böheim 1987, Beile 1997, Löffler 2006, Stegert 1993, Schnee 1995, Holly 2007, Gloning 2008, Thim-Mabrey 2007) oder Audioguides (Fandrych/Thurmair 2015) auseinander. Unter anderem auch wegen der neuen technischen Entwicklungen sind wir in den letzten Jahrzehnten jedoch Zeugen der Perspektive „Über den Text hinaus" (Adamzik 2011, 371), was darin resultiert, dass Texttypen und Kommunikationsangebote vermehrt im Rahmen von größeren Funktionszusammenhängen untersucht werden. Hierbei sind vor allem die Konzepte des „kommunikativen Haushalts" (Luckmann 1986), der „Textsorten-Inter-textualität" (Klein 2000) und der „Textsortennetze" (Adamzik 2011) zu erwähnen – letztere wurden bisher in verschiedenen Kommunikationsbereichen wie z. B. Politik (Klein 1991, 2000a, 2000b, 2011) oder Unternehmenskommunikation (Janich 2009) untersucht. Während es sich im Fall des kommunikativen Haushalts um ein „Gesamtfeld" kommunikativer Gattungen in einer Sprachgemeinschaft handelt (vgl. Luckmann 1986), stehen bei den Konzeptionen der Textsorten-Intertextuali-tät und der Textsortennetze die Beziehungen zwischen den einzelnen Textsorten im Vordergrund (vgl. dazu Abschnitt 2.2 dieser Arbeit). Das Konzept der Textsor-tennetze lässt sich somit gut bei der Beschreibung des Kerns der hier zu analysie-renden Kommunikations-Ökologie von Theatern als Institutionen, des Repertoires von Texttypen und multimodalen Angeboten und den Beziehungen zwischen ihnen anwenden. In der Sprachwissenschaft liegt bislang jedoch noch keine umfassende Konzeption vor, die eine Systematisierung von komplexen Funktionszusammen-hängen in der institutionellen Außenkommunikation leisten würde, in der nicht nur das orchestrierte Zusammenspiel von Texten und multimodalen Angeboten, son-dern auch die Rolle von Akteuren, Medien und Orten sowie die zeitliche Dynamik von Angeboten (im Theater z. B. innerhalb von Spielzeiten) konzeptionell syste-matisiert wird.

In der vorliegenden Pilotstudie soll ein erster Beitrag zur Schließung der hier ge-nannten zwei Forschungslücken geleistet werden, indem zunächst ein eigenes Konzept einer institutionellen Kommunikations-Ökologie entwickelt wird und an-schließend dieses Konzept an einem noch begrenzten empirischen Datenausschnitt erprobt wird. Dabei soll die Ökologie in der Außenkommunikation von Theatern am Fallbeispiel des Stadttheaters Gießen aus textlinguistischer und multimodaler Perspektive sowie aus der Perspektive der Medien- und Ortspezifik der Kommu-nikationsangebote analysiert werden.

1.5 Aufbau der Untersuchung

Die Arbeit setzt sich nach dem vorliegenden einleitenden Kapitel (1) aus zwei grö-ßeren Teilen zusammen: aus den theoretischen Grundlagen (2) und einer Fallstudie (3). Im theoretischen Teil der Untersuchung wird der Frage nach einem geeigneten Werkzeug zur Beschreibung und Systematisierung der institutionalisierten Außen-kommunikation mit Texten und multimodalen Angeboten nachgegangen (2.1). Es werden zunächst einige bisherige Ansätze zur Beschreibung von solchen größeren kommunikativen Zusammenhängen vorgestellt (2.2), anschließend wird dann eine eigene Konzeption der institutionellen Kommunikations-Ökologie ausgearbeitet (2.3). In diesem Kapitel (2.3) wird – ausgehend von den grundlegenden kommunikativen Aufgaben und Funktionen, die im Rahmen der Außenkommunikation von Theatern zu erledigen sind (2.3.1) – der Kern dieser Ökologie – das Repertoire von Textsorten und multimodalen Kommunikationsangeboten samt seiner Struktur und den grundlegenden Beschreibungsparametern für diese Angebote vorgestellt (2.3.2), außerdem widmet sich das Kapitel einigen weiteren zentralen Komponenten der hier zu analysierenden Kommunikations-Ökologie von Theatern (2.3.3 – 2.3.6).

Nachdem die theoretischen Grundlagen beschrieben wurden, wird die Ökologie in der Außenkommunikation von Theatern am Fallbeispiel des Stadttheaters Gießen untersucht (3). Dabei werden im Anschluss an die zuvor entwickelte Theorie die zentralen Aspekte der Ökologie des Stadttheaters Gießen beschrieben, wie etwa die Thematisierungsanlässe und die typische zeitliche Dynamik des Einsatzes der einzelnen Texttypen in einer Spielzeit (3.1), die an dieser Kommunikation beteiligten Akteure (3.2), die Medialität (3.4) und die Ortsgebundenheit der dazu gehörenden Kommunikationsangebote (3.5). Im zentralen Kapitel der Fallstudie (3.3) werden die dem Kern der Kommunikations-Ökologie des Stadttheaters Gießen zugehörigen Texttypen und multimodalen Angebote hinsichtlich ihrer Funktionen, sprachlichen Handlungen, (Teil-)Themen, typischen Äußerungsformen und Kommunikationsprinzipien sowie hinsichtlich ihrer graphischen Gestaltung (Nutzung von verschiedenen Modalitäten und Ressourcen) analysiert. Außerdem werden die Theater-Angebote in der Fallstudie auf die aufgrund verschiedener Aspekte entstandenen mannigfaltigen Relationen zwischen den einzelnen Angeboten hin geprüft.

Die Studie endet mit einem abschließenden Kapitel (4), in dem die Ergebnisse der Fallstudie zusammengefasst und die Perspektiven der zukünftigen Forschung kurz geschildert werden.

2. Theoretische Grundlagen: Das Konzept einer „kommunikativen Ökologie"

2.1 Institutionalisierte Außenkommunikation mit Texten und multimodalen Angeboten: eine komplexe Systematisierungsaufgabe

In der Außenkommunikation von Theaterinstitutionen sind eine ganze Reihe typischer und wiederkehrender kommunikativer Aufgaben (Luckmann 1986) und Funktionen zu erfüllen, in Bezug auf welche sich evolutionär ein eigener kommunikativer „Kosmos" von Textsorten und Arten von multimodalen Angeboten herausgebildet hat. So ist es eine der wichtigsten Funktionen der Theaterinstitutionen, ein Programm anzubieten und darüber rechtzeitig zu informieren. Auf diese Funktion ist z. B. die kommunikative Aufgabe „über die Termine und Inhalte der Vorstellungen zu informieren" bezogen – als Lösung dieser kommunikativen Aufgabe werden die Textsorten bzw. Kommunikationsangebote „Spielzeitheft" und „Website", aber auch „Spielplan" verwendet. Mit dem Informieren über das Theaterprogramm eng verbunden ist auch die kommunikative Aufgabe, für dieses Programm zu werben. Die kommunikative Aufgabe des Werbens wird z. B. durch Kommunikationsangebote wie „Werbeplakat", „Newsletter" oder Angebote in sozialen Netzwerken gelöst, auf denen durch verschiedene Posts und Ankündigungen für Theateraufführungen und andere Veranstaltungen geworben wird.

In Bezug auf diese typischen kommunikativen Aufgaben, die in der Außenkommunikation von Theatern zu erfüllen sind, entwickelt sich also ein eigenes Kommunikationsaufkommen, dessen Kernbereich durch ein Repertoire von Textsorten und multimodalen Angeboten, ein sogenanntes „Textsortennetz" (Adamzik 2011), dargestellt werden kann. Die diesem Repertoire angehörenden Textsorten und Arten von multimodalen Angeboten sind aufgrund verschiedener (z. B. funktionaler, thematischer) Relationen miteinander verbunden und weisen eine große Vielfalt in Form, Thema und Funktion auf. Dabei entsprechen manche Angebote den Darstellungstraditionen des betreffenden Texttyps, bei anderen kann es sich jedoch auch um innovative Realisierungsvarianten im konkreten Sprachgebrauch handeln. Zu diesem komplexen Funktionskreis in der Außenkommunikation von Theatern gehören zudem weitere Komponenten wie etwa die an dieser Kommunikation beteiligten Akteure, die typische zeitliche Dynamik der kommunikativen Angebote in einer Spielzeit, die Nutzung von Medien, durch welche die Angebote vermittelt werden, und die Frage der räumlichen Prägung (z. B. „physisch" vs. „virtuell"), sodann verschiedene Aspekte der Lokalität (beispielsweise „ortsgebunden" vs. „ortsungebunden") usw. Wenn man sich für die institutionelle Kommunikation interessiert und erforschen will, worin dieser ganze dynamische Funktionszusammenhang, dieses Geflecht von Aufgaben besteht, erhebt sich die Frage, mit welchem Werkzeug man das untersuchen kann. In den folgenden Abschnitten soll zunächst der Frage nachgegangen werden, welche theoretischen Instrumente zur Konzeptualisierung solcher großen Funktionszusammenhänge es bisher gibt (Abschnitt 2.2), um dann eine eigene Konzeption einer institutionellen Kommunikations-Ökologie vorzustellen (Abschnitt 2.3).

2.2 Bisherige Ansätze zur Beschreibung von „größeren" kommunikativen Zusammenhängen

In der Textlinguistik stand der Text als die oberste sprachliche Einheit lange Zeit im Vordergrund (vgl. Fix 2008a, 16). Dies hat sich inzwischen jedoch geändert. Zum einen beobachten wir in jüngster Zeit Bestrebungen vieler Textlinguisten, den Textbegriff auf das Außersprachliche zu erweitern, und es ist mittlerweile unumstritten, dass Texte in vielfacher Hinsicht multimodal angereichert sein können. Zum anderen wurden Texte in den letzten Jahrzehnten im Rahmen von größeren Funktionszusammenhängen untersucht. So hat beispielsweise Thomas Luckmann in seinem soziologisch-linguistischen Ansatz zu kommunikativen Gattungen bereits in den 80er Jahren von solchen Zusammenhängen gesprochen. Nach Luckmann (1997, 14) sind kommunikative Gattungen „historisch und kulturell spezifische, gesellschaftlich verfestigte Lösungsmuster für kommunikative Probleme". In Bezug auf solche kommunikativen Probleme kann laut Luckmann (1997, 16) ein „Gesamtfeld" kommunikativer Gattungen in einer Kultur rekonstruiert werden. Dieses Gesamtfeld kommunikativer Gattungen bildet zusammen mit den typischen „spontanen" kommunikativen Handlungen in einer Gesellschaft „ein Ganzes, das man den kommunikativen ‚Haushalt' einer Gesellschaft nennen kann" (Luckmann 1986, 206). Dabei geht es um ein strukturiertes Gesamt „all jener kommunikativen Vorgänge, die einen Einfluss auf Bestand und Wandel einer Gesellschaft ausüben" (Luckmann 1986, 206). Im Fall des in dieser Studie zu erarbeitenden Werkzeugs handelt es sich um ein dem „kommunikativen Haushalt" ähnliches Konzept, allerdings bezieht sich dieses Geflecht von Aufgaben, dieses „Gesamtfeld" kommunikativer Angebote nicht auf eine Gesellschaft bzw. Sprachgemeinschaft, sondern auf eine (kulturelle) Institution.

Während den Kern der kommunikativen Haushalte nach Luckmann also „Felder" kommunikativer Gattungen darstellen, spricht Kirsten Adamzik (2011) von sog. „Textsortennetzen". Laut Adamzik ergibt sich aus den technischen Entwicklungen der letzten Jahrzehnte in der heutigen Medienwissenschaft die Perspektive „Über den Text hinaus" und „die früher so zentral gesetzte Annahme [...], der Text stelle die oberste Einheit der linguistischen Beschreibung" (Adamzik 2011, 371), tritt in den Hintergrund. Gedruckte Texte seien heutzutage, ähnlich wie Hypertexte, nicht nur multimodal, sondern verfügen über die Eigenschaft der „De-Linearisierung". Das bedeutet, dass Langtexte zunehmend weniger ganz gelesen werden, woran man sich auch bei der Textproduktion anpasst. Adamzik stellt hierbei fest:

> Wenn nun in diesem bedeutenden, weil omnipräsenten Kommunikationsbereich der Medien die Texteinheit in so starkem Maße in den Hintergrund rückt, dann ist es zweifellos an der Zeit, sich von der Fixierung auf diese Ebene zu befreien und der Frage nachzugehen, welche Rolle Vernetzungen zwischen (Teil)-Texten auch sonst spielen (Adamzik 2011, 372).

Nach Adamziks Konzeption ist also mehr Aufmerksamkeit darauf zu richten, dass zwischen Texten bzw. Textsorten Beziehungen bestehen. Während Klein (2000) von der sog. Textsorten-Intertextualität spricht, bei der es um funktionale Beziehungen zwischen Textsorten geht, können Textsorten nach Adamzik (2011, 372f.) anhand verschiedener Relationen miteinander vernetzt sein: der paradigmatischen (z. B. thematischen und funktionalen) Relationen, syntagmatischen Relationen (Vor- und Nachtextsorten, „Textsortenketten"), sodann Relationen der Formähnlichkeit bzw. -differenz usw. Die sog. Textsortennetze, die aus diesen Beziehungen resultieren, wurden bisher in verschiedenen Kommunikationsbereichen wie z. B. Politik (Klein 1991, 2000a, 2000b, 2011) oder Unternehmenskommunikation (Janich 2009) untersucht und hinsichtlich der theoretischen und methodologischen Fragen (Adamzik 2011) diskutiert. Das Konzept der Textsortennetze lässt sich somit gut bei der Beschreibung des Kerns des hier zu analysierenden Funktionskreises im Bereich der Außenkommunikation von Theatern anwenden, es stellt also ein Teil-Werkzeug dar, um die Zusammenhänge im Texttypen-Repertoire zu systematisieren.

In der Sprachwissenschaft liegt bislang jedoch noch keine umfassende Konzeption vor, die eine Systematisierung solcher komplexen institutionellen Gesamt-Funktionszusammenhänge leisten würde. Im Zusammenhang mit dieser Aufgabe, die kommunikative „Landschaft" einer wichtigen kulturellen Institution zu be-

schreiben, möchte ich im Folgenden die Konzeption einer „Kommunikations-Ökologie" vorstellen und sie dann anhand einer Fallstudie in Anwendung erproben.
Dabei können die Ideen von Luckmann (1986, 1997), Klein (1991, 2000b), Adamzik (2000, 2011) und Janich (2009) fruchtbar in die Idee der kommunikativen Ökologie eingebaut werden und stellen eine wichtige Grundlage für die hier erarbeitete
Konzeption dar.

2.3   Die Konzeption einer institutionellen Kommunikations-Ökologie

Das Kommunikationsaufkommen, das sich im Hinblick auf die grundlegenden
Aufgaben in der Außenkommunikation von Theatern herausbildet, bezeichne ich
in der vorliegenden Studie also mit dem Ankerbegriff „Kommunikations-Ökologie" oder auch „kommunikative Ökologie"[3]. Dabei handelt es sich, ähnlich wie
beim Konzept des „kommunikativen Haushalts", um einen „rein analytischen Begriff", dem „kein reales kulturelles Objekt entspricht" (vgl. Luckmann 1997, 206).
Die Beziehung dieser Ökologie zu den kommunikativen Vorgängen im Umfeld
von Theaterinstitutionen lässt sich über die Beschreibung ihres Kerns – des Reper-

---

[3]   Der Begriff „Ökologie" hat seinen Ursprung in der Biologie und kann folgendermaßen definiert werden: „[...] that branch of biology that embraces the interrelations
between plants and animals and their complete environments" (Part 1966). In der
Soziologie wurde die Bedeutung dieses Begriffs auf Wechselbeziehungen zwischen
menschlichen Gesellschaften und ihrer Umwelt erweitert (vgl. z. B. Hawley 1950).
In Anlehnung an diese Konzeption hat der amerikanische Linguist Einar Haugen im
Jahr 1970 ein Konzept entwickelt, das wir unter der Bezeichnung „ecology of language" kennen – dabei geht es um eine Untersuchung der Wechselbeziehungen zwischen Sprachen in mehrsprachigen Gemeinden (vgl. Fill/Mühlhäusler 2001, 1). In
den darauf folgenden Jahrzehnten hat sich der Anwendungsbereich des Ökologie-
Konzeptes auf verschiedene sprachwissenschaftliche Disziplinen wie etwa Pragmatik, Diskursanalyse, Anthropologische Linguistik, Theoretische Linguistik und
Sprachdidaktik erweitert (vgl. Fill/Mühlhäusler 2001, 1). In diesen Zusammenhängen erfüllt der Ökologie-Begriff jedoch eine andere Rolle. Obwohl zwischen dem
auf die Textsortenlinguistik übertragenen Ökologie-Konzept und den natürlichen
Ökologien bestimmte Parallelen aufgrund der zentralen ökologischen Parameter *Dynamik, Vielfalt, Umfeld* und *Wechselbeziehungen* gezogen werden können, funktionieren soziale bzw. kommunikative Ökologien anders. Im Fall einer Kommunikations-Ökologie handelt es sich im Hinblick auf „Evolution" um eine metaphorische
Konzeptualisierung, die sich als Tradition rekonstruieren lässt.

toires von verschiedenen Textsorten und Arten von multimodalen Angeboten – sowie ihrer weiteren Komponenten (Akteure, Medien, Zeit, Ort etc.) und der daraus resultierenden Beziehungen herstellen (vgl. Grafik 1).

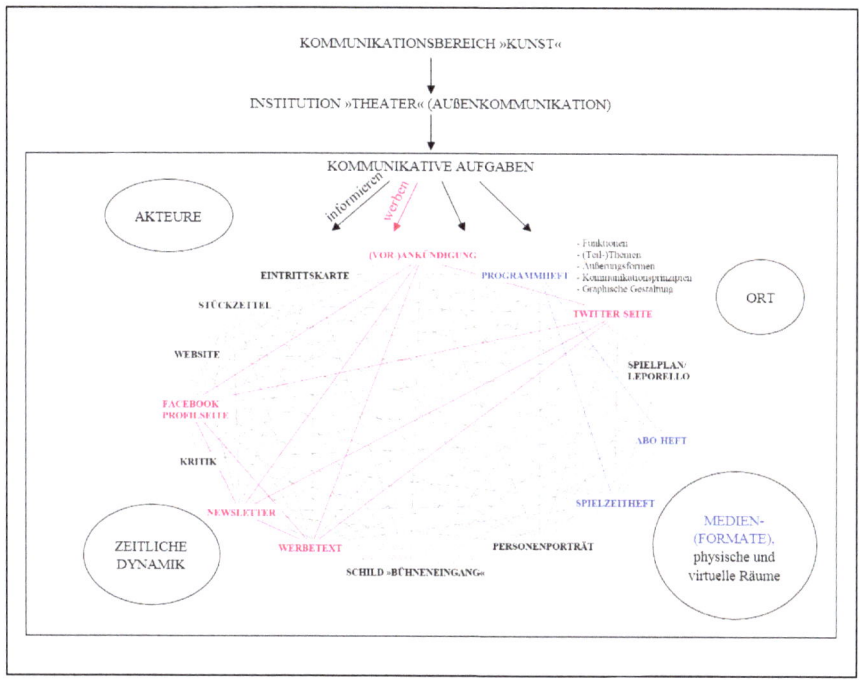

Grafik 1: Die Ökologie der Außenkommunikation von Theatern

Im vorliegenden Kapitel soll erläutert werden, welche übergeordneten Funktionen im Rahmen der Außenkommunikation von Theatern erledigt werden müssen (vgl. Abschnitt 2.3.1), welche Texttypen und multimodalen Angebote sich in Bezug auf diese Funktionen herausgebildet haben und welche Struktur das Repertoire von diesen Angeboten annimmt (vgl. Abschnitt 2.3.2.1). Dabei wird auch auf die zentralen Beschreibungsparameter für die einzelnen Texttypen und multimodalen Angebote (wie etwa Funktionen, Sprachhandlungen, Themen, typische Äußerungsformen und Kommunikationsprinzipien sowie die graphische Gestaltung) eingegangen (vgl. Abschnitt 2.3.2.2), außerdem werden im Kapitel weitere zu der Ökologie in der Außenkommunikation von Theatern gehörende Komponenten – Akteure, die zeitliche Dynamik, die Nutzung von Medien und die Nutzung des Ortes – besprochen (vgl. Abschnitt 2.3.3 – 2.3.6).

2.3.1 Die im Rahmen der Außenkommunikation von Theatern zu erfüllenden übergeordneten Funktionen

Die kulturelle Institution Theater erfüllt verschiedene Aufgaben bzw. Funktionen, aus denen eine ganze Reihe kommunikativer Aufgaben resultiert. So sollen Theaterinstitutionen in erster Linie ein kulturelles Angebot machen, welches zum einen mit der Funktion der Unterhaltung und zum anderen mit weiterführenden sozialen und gesellschaftlichen Zielen verbunden ist. Um dieser Aufgabe gerecht zu werden, bieten Schauspielhäuser ein regelmäßiges Programm (Vorstellungen und andere Veranstaltungen) an. Dabei müssen Theaterinstitutionen die darauf bezogene Teilfunktion erfüllen, dieses Veranstaltungsprogramm „handhabbar" zu machen – auf diese Funktion ist unter anderem die kommunikative Aufgabe „über die Termine und Inhalte der Vorstellungen zu informieren" bezogen. Als Lösung dieser kommunikativen Aufgabe werden, wie bereits erwähnt, die Textsorten bzw. Kommunikationsangebote „Spielzeitheft", „Website" und „Spielplan" verwendet, die auch mit den multimodalen Angeboten „Programmheft" und „Stückzettel" funktional und thematisch verbunden sind.

Eine mit dem Programmangebot eng verzahnte Funktion von Theaterinstitutionen ist es, verschiedene Abonnements anzubieten. Daraus resultiert die kommunikative Aufgabe, über die Vorstellungen in den einzelnen Abonnements zu informieren. Diese Funktion wird durch das Kommunikationsangebot „Abo-Heft" gelöst. Um mit der Konkurrenz zu anderen Theaterinstitutionen mithalten zu können, bieten viele Theaterinstitutionen neben dem Veranstaltungsprogramm auch verschiedene Dienstleistungen an, wie z. B. ein Theatercafé, Theater-Taxis oder - Busse, Verkauf von Gutscheinen, Service für Rollstuhlfahrer oder Menschen mit Demenz, Theater für Kinder usw. Auch diese Funktion, Dienstleistungen anzubieten bzw. die kommunikative Aufgabe, über diese Dienstleistungen zu informieren, wird in den meisten Theatern durch die Kommunikationsangebote „Website" und eventuell „Spielzeitheft" gelöst.

Im Theater muss also das Veranstaltungsprogramm handhabbar gemacht werden, außerdem müssen Theaterbesucher gewonnen und Theaterkarten und Abonnements verkauft werden. Mit diesen Funktionen hängt nicht nur die informierende Funktion, sondern auch die Funktion des Werbens zusammen – eine wichtige kommunikative Aufgabe in der Außenkommunikation von Theatern ist es somit, für ihre Vorstellungen und Dienstleistungen zu werben. Die werbende Funktion der Theaterinstitutionen wird, wie bereits erwähnt, durch Kommunikationsangebote wie „Werbeplakat", „Newsletter" oder Beiträge in sozialen Netzwerken gelöst. Eng mit der Funktion „das Veranstaltungsprogramm handhabbar machen" und mit der werbenden Funktion verzahnt ist auch die Ankündigungsfunktion der Theaterinstitutionen – in Bezug auf diese haben sich verschiedene Arten der Textsorte „Ankündigung" (z. B. Vorankündigungen, Ankündigungen der Wiederaufnahme usw.) herausgebildet, die durch verschiedene Medien (z. B. in Zeitungen oder im Internet) vermittelt werden können.

Im Dienste der Funktion „Theaterbesucher gewinnen" bzw. „ihr Interesse für das Schauspielhaus wecken" sind zudem einige weitere kommunikative Aufgaben der Theaterinstitutionen wie z. B. die, ihren potenziellen Besuchern sich selbst, also die Theaterinstitution, ihre Geschichte und Mitarbeiter vorzustellen. Diese Aufgabe der Selbstdarstellung kann z. B. durch die Textsorte „Personenporträt" („Schauspielerporträt", „Dramaturgenporträt" usw.) bzw. durch spezifische Beiträge in den Kommunikationsangeboten „Website" und „Spielzeitheft" gelöst werden. Um neue Besucher zu gewinnen, erfüllen Theaterinstitutionen oft auch die kommunikative Aufgabe, mit diesen in Kontakt zu treten – dies kann z. B. durch soziale Netzwerke der Theaterinstitutionen erfolgen. Mit der Funktion der Außendarstellung sind nicht zuletzt auch Theaterkritiken verbunden, die allerdings nicht von der Theaterinstitution selbst, sondern von „externen" Autoren – Theaterkritikern – verfasst werden. Liegen sie einmal vor, können Kritiken in die Außenkommunikation von Theatern eingebunden werden. Auf diese Weise tragen sie dazu bei, das Interesse der potenziellen Theaterbesucher für eine bestimmte Vorstellung zu wecken und die Auseinandersetzung mit dem Angebot zu fördern.

Im Hinblick auf die ganz praktische Funktion von Theaterinstitutionen, den Besuchern den Eintritt zu den Vorstellungen zu ermöglichen, ist die Textsorte „Eintrittskarte" entstanden. Auch diese besteht heutzutage in gedruckter oder elektronischer Form. Sie kann verbunden werden mit zusätzlichen Angeboten, zum Beispiel mit Werbung auf der Rückseite.

Schließlich kann sich die primäre Funktion von Theaterinstitutionen, ein Spiegel gesellschaftlicher und allgemein-menschlicher Themen zu sein und bestimmte Werte zu vermitteln, nicht nur in Theateraufführungen selbst, sondern auch in begleitenden und erläuternden Kommunikationsangeboten niederschlagen. So hat sich in Bezug auf diese Funktion das Angebot „Programmheft" herausgebildet, das sich ausführlich mit dem aufgeführten Theaterstück und spezifischen Teilthemen wie Autor, Entstehung, historische Einbettung, Motive usw. auseinandersetzt.

2.3.2 Das Repertoire von Texttypen und Arten von multimodalen Angeboten in der Außenkommunikation von Theatern

In Bezug auf die übergeordneten Funktionen, die im Rahmen der Ökologie der Außenkommunikation von Theatern zu erledigen sind, ist also ein Repertoire verschiedener Texttypen und Arten von multimodalen Angeboten entstanden, das den Kernbereich dieser Kommunikations-Ökologie darstellt. Bevor ich mich dem Repertoire und seiner Struktur zuwende, ist jedoch ein kurzer Exkurs zur verwendeten Terminologie notwendig. Im Folgenden soll somit erläutert werden, wie in dieser Arbeit die zentralen Termini „Text", „Textsorte" und „Kommunikationsangebot" verstanden werden.

In der vorliegenden Studie wird von einer pragmatisch orientierten, d.h. einer funktionalen, handlungsbezogenen bzw. kommunikationsorientierten Textauffassung (vgl. Brinker 2005) ausgegangen, wonach Texte als „Werkzeuge der Kommunikation und als Mittel der Lösung kommunikativer Aufgaben" (Cheng/Gloning 2017, 14) aufgefasst werden. Dabei soll – analog zur Unterscheidung Satz/Satzverwendung – zwischen Text (dem Werkzeug) und Textverwendung in einem bestimmten kommunikativen Zusammenhang unterschieden werden (vgl. Cheng/Gloning 2017, 14). Da wir heutzutage außerdem Zeugen einer veränderten „semiotischen Landschaft" sind (Stöckl 2004a, 2) und nicht-sprachliche Aspekte und Ressourcen im Text zunehmend eine bedeutungskonstitutive Rolle übernehmen, wird auch in der vorliegenden Untersuchung davon ausgegangen, dass Texte multimodal sein können. In diesem Sinne wird hier ein weiter Textbegriff vertreten, der, ähnlich wie bei Domke (2014, 15), „alle semiotischen Ebenen umfasst, mit denen durch eine abgrenzbare, funktional bestimmbare Einheit kommunikativ gehandelt wird".

Unter Textsorten werden in Anlehnung an Brinker (2005, 144ff.) (mehr oder weniger) „konventionalisierte, musterhafte Realisierungen spezifischer sprachlicher Handlungen [verstanden], mit denen bestimmte kommunikative Aufgaben gelöst werden". Wie aus dieser Bestimmung ersichtlich, spielen dabei der Musterbegriff und die Eigenschaft des Prototypischen eine wichtige Rolle. Der Musterbegriff sollte „auf alle sprachlichen Einheiten bezogen werden, die als „vorgegeben", „vorformuliert" bzw. „beispielhaft" verstanden werden können" (Heinemann/Viehweger 1991, 166). Während wir z. B. bei der Rechtschreibung oder beim Satzbau auf Regeln angewiesen sind, haben wir Text- und Stilvorgaben als Muster verinnerlicht, innerhalb derer es „Elemente des Normativen als Handlungsorientierung [gibt], und es gibt Nichtgenormtes, Freiräume, die es individuell zu füllen gilt" (Heinemann/Viehweger 1991, 166). Auch Cheng und Gloning betonen, dass sich der Verfasser bei der Textproduktion einerseits an der Darstellungstradition des betreffenden Texttyps orientiert und bestimmte dazugehörige, wiedererkennbare Muster benutzt, „andererseits kann er auch entsprechend eigenen weiterführenden Zielsetzungen, Präferenzen, Interessen, Wissen und Fähigkeiten usw. strategische Vertextungsentscheidungen treffen bzw. innovative Darstellungselemente einsetzen" (Cheng/Gloning 2017, 15). Aus dieser Kombination der Orientierung am Vorgegebenen einerseits und neuartigen, kreativen Handlungen andererseits resultiert „eine Vielfalt von Realisierungsvarianten in der Sprachpraxis" (Cheng/Gloning 2017, 15). Im Laufe der kulturellen Entwicklung treten also auch neue, unkonventionelle Handlungsweisen und sich ggf. daraus entwickelnde neue Textsorten auf. Texttypen sind somit „evolutionäre Produkte" – „ihr dynamischer Charakter besteht darin, dass sie sich im laufenden Gebrauch stabilisieren oder auch verändern können" (Cheng/Gloning 2017, 15).

Schließlich hat der Begriff „kommunikatives Angebot" in dieser Studie zwei Bedeutungen. Zum einen wird er als Synonym für Texte und – in Syntagmen wie etwa „Arten von kommunikativen Angeboten" – für Textsorten verwendet. Zum anderen bezieht sich der Begriff auf größere kommunikative Einheiten/Konglomerate wie etwa Newsletter, Websites oder Facebook-Profilseiten, die aus mehreren (Teil-)Texten bestehen können, die verschiedenen Textsorten (wie beispielsweise Schauspielerporträts oder Ankündigungen) zugeordnet werden können. Weil die Kommunikationsangebote im Umfeld von Theaterinstitutionen multimodal sind, spreche ich zudem an vielen Stellen von „multimodalen Angeboten".

2.3.2.1 Das Repertoire und seine Struktur

Zum Kern der Ökologie in der Außenkommunikation von Theatern gehören die folgenden Textsorten, die sich – wie oben dargelegt – aus den übergeordneten kommunikativen Aufgaben bzw. Funktionen ableiten lassen: (Vor-)Ankündigung, Spielplan, Stückzettel, Programmheft, Personenporträt (z. B. Schauspielerporträt, Dramaturgenporträt etc.), Abo-Heft, Eintrittskarte, Theaterkritik und Werbetexte unterschiedlicher Art, die im Kommunikationsbereich „Theater" vor allem durch die Werbemittel „Werbeplakat" und „Werbeflyer" realisiert werden. Zu dem behandelten Repertoire gehören außerdem die folgenden komplexen Kommunikationsangebote, die verschiedene Teiltexte oder einzelne Texte, die sich unterschiedlichen Textsorten zuordnen lassen, enthalten können: Spielzeitheft, Website, Newsletter, Facebook-Profilseite und Twitter-Seite.

Diese Textsorten und kommunikativen Angebote werden, wie schon erwähnt, durch vielerlei Medien vermittelt und weisen eine große Vielfalt in Form und

Funktion auf. Dabei handelt es sich bei manchen Texttypen um prototypische Dar-
stellungsformen eines gewissen Texttyps, bei anderen haben sich jedoch bestimmte Strategien für die kreative Bewältigung dieser Darstellungtraditionen
herausgebildet. So erfüllen Abo-Hefte in der Regel die Funktion, über die angebotenen Abonnements zu informieren. Im Abo-Heft des Stadttheaters Gießen steht
jedoch die werbende Funktion stark im Vordergrund und auch die stilistisch-for-
mulativen Grundelemente (vgl. dazu Fix 2008b, 68) könnten einem Werbetext zugeordnet werden.[4] Indem beispielsweise Eigenschaften zweier verschiedener Texttypen gemischt werden, in einem Kommunikationsangebot (für diese Art von Angebot) untypische Modalitäten verwendet werden oder ein Angebot auf einem un-
gewöhnlichem Textträger (z. B. ein Werbetext auf einer Streichholzschachtel) veröffentlicht wird, handelt es sich um innovative Realisierungsvarianten im konkreten Sprachgebrauch.

Was die Struktur des Repertoires von Textsorten und multimodalen Angeboten
der Kommunikations-Ökologie Theater angeht, so kann dieses, wie bereits erwähnt, durch ein sogenanntes „Textsortennetz" (Adamzik 2011) dargestellt werden. Dafür gibt es zwei Gründe: Zum einen haben die Textsorten und Kommunikationsangebote dieses Repertoires einen gemeinsamen Bezug, und zwar auf die
Institution Theater und die oben umrissenen Funktionen. Sie erfüllen also verschiedene kommunikative Aufgaben in der Außenkommunikation von Theatern. Zum
anderen sind die diesem Textsortennetz angehörenden Textsorten und Kommunikationsangebote aufgrund verschiedener (z. B. thematischer, funktionaler, forma-
ler, zeitlicher, medialer, situativer usw.) Zusammenhänge miteinander verbunden.
Innerhalb des Interaktionsrahmens „Theaterinstitution und ihre Kommunikation
nach außen" ergeben sich im Netzformat also die folgenden Textsorten und Kommunikationsangebote mit verschiedenen Beziehungen zueinander:

---

[4]   Vgl. dazu das Kommunikationsprinzip der Originalität und Unterhaltsamkeit im Kapitel 3.3.4 (Typische Kommunikationsprinzipien und ihre Realisierung).

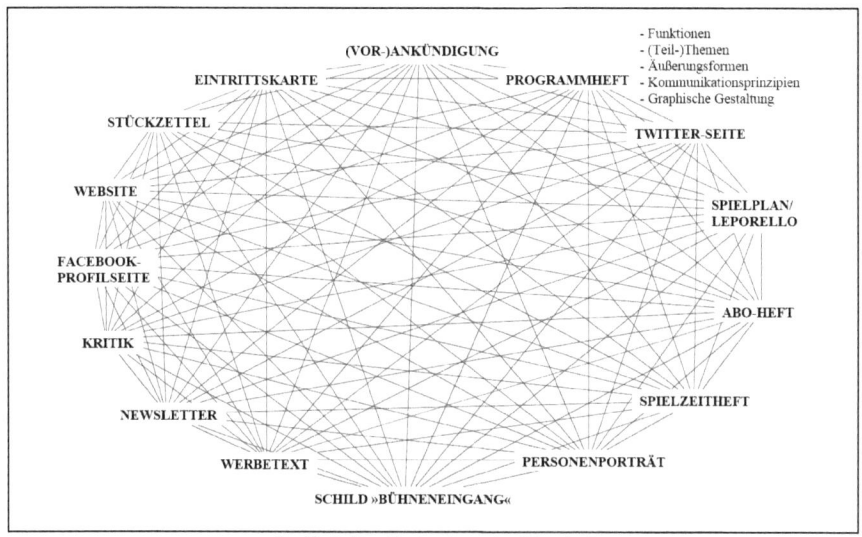

Grafik 2: Das Textsortennetz „Theater"

2.3.2.2 Grundlegende Beschreibungsparameter für Texttypen und multimodale Angebote

2.3.2.2.1 Funktionen, sprachliche Handlungen, (Teil-)Themen, Äußerungsformen und Kommunikationsprinzipien

Textsorten und Arten von Kommunikationsangeboten sind von verschiedenen kommunikativen Aspekten der Textorganisation geprägt, die bei der Beschreibung des Textsortenrepertoires in der Ökologie der Außenkommunikation von Theatern, seiner Texttypen und Arten von Angeboten sowie der vielfältigen Zusammenhänge zwischen ihnen eine wichtige Rolle spielen. Zu solchen grundlegenden Parametern gehören u.a. die Funktionen, die Handlungsstruktur, Aspekte der Themenorganisation, typische Äußerungsformen, durch die kommunikative Aufgaben realisiert werden, spezifische Kommunikationsprinzipien usw. Im Folgenden soll zunächst kurz erläutert werden, wie die einzelnen Parameter in der vorliegenden Studie verstanden werden.

Dass mit Textsorten bestimmte kommunikative Aufgaben gelöst werden, wurde bereits an mehreren Stellen dieser Studie erwähnt. Während die Textfunktionen „jeweils als wesentliche Steuerungsgröße für die anderen Parameter dienen (*Form follows function*)" (Cheng/Gloning 2017, 15), gehören zu der Handlungsstruktur „typische sprachliche Handlungen und ihre Sequenzierung" (ebd.). Nach Schröder (2003, 33) bestehen komplexe Handlungen, mit denen Texte vollzogen werden, aus mehreren aufeinanderfolgenden und zusammenhängenden Teil-Handlungen. Dabei ist die Existenz einer übergeordneten Einzelhandlung zwar eine Möglichkeit, aber keine Notwendigkeit. So sind die zentralen Handlungsformen im Rahmen der Textsorte „Theaterkritik" z. B. das Informieren, das Beurteilen/Bewerten, das Beschreiben und das Veranschaulichen (vgl. Gloning 2008, 65). Diese können zum einen mit einem und demselben Text realisiert werden. Zum anderen können diese Handlungen jeweils mit unterschiedlichen thematischen Aspekten kombiniert werden, wodurch sich eine Vielzahl von funktional-thematischen Textbausteinen ergibt, wie etwa „über den Ort und die Zeit der Vorstellung informieren", „die schauspielerische Leistung bewerten" usw. (vgl. dazu Abschnitt 3.3.1 der Fallstudie).

Das Textthema wird hier in Anlehnung an Schröder (2003, 78ff.) als „Gegenstand, auf den mit Handlungen Bezug genommen wird" verstanden. Dabei umfasst die thematische Organisation der hier zu analysierenden Texte in der Außenkommunikation von Theatern jeweils das Hauptthema, die Teilthemen und verschiedene Arten von Themenentfaltung. In der Fallstudie wird somit auf die thematische Struktur der Theater-Angebote und die thematischen Relationen zwischen ihnen eingegangen.

Ferner werden unter dem Stichwort „Äußerungsformen" typische Aspekte der Theater-Angebote im Bereich der Syntax, des Wortgebrauchs und der Formulierungsmuster analysiert. Texte und Kommunikationsangebote im Umkreis von Theatern weisen nämlich – je nach der kommunikativen Aufgabe, die sie zu erfüllen haben, dem Medium, durch welches sie vermittelt werden, und dem Ort, an welchem sie erscheinen – gewisse stärker oder schwächer standardisierte Äußerungsformen und Vertextungsverfahren auf.

Sodann wird auch auf die typischen Kommunikationsprinzipien bzw. -maximen eingegangen, die in den behandelten Texttypen der Theater-Ökologie als wichtig gelten. Solche Kommunikationsprinzipien spielen nicht nur eine zentrale Rolle bei der Verständigung, sie dienen darüber hinaus auch als Hilfe bei Vertextungsentscheidungen der Textproduzenten als auch als Bewertungsprinzipien auf der Rezipientenseite (vgl. Fritz 2008, 79ff.). Nachdem der Sprachphilosoph Paul Grice die grundlegenden Kommunikationsmaximen (Maxime der Quantität, Qualität, Relevanz und Modalität) definiert hatte, entdeckte man, „dass es neben diesen grundlegenden Maximen auch noch andere gibt, die spezifisch sind für bestimmte Kommunikationsformen und Texttypen" (Gloning 2008, 75). So ist beispielsweise das Kommunikationsprinzip der Aktualität besonders typisch für Zeitungsberichterstattungen und das Prinzip der präzisen Darstellung für wissenschaftliche Texte.

Zur Beschreibung des Repertoires der Außenkommunikation von Theatern gehört somit auch die Angabe, welche Kommunikationsprinzipien für die zum Repertoire gehörenden Kommunikationsangebote typisch sind und wie sie umgesetzt werden.

In der vorliegenden Studie werden, wie bereits erwähnt, nicht nur einzelne Parameter der Textsorten/Kommunikationsangebote und ihre typische Ausprägung beschrieben, vielmehr werden auch verschiedene Zusammenhänge zwischen den genannten Parametern und zwischen den einzelnen Textsorten, die aufgrund dieser Parameter entstehen, untersucht.

2.3.2.2.2 Graphische Gestaltung (Multimodalität)

Die kommunikativen Aufgaben der Institution Theater werden nicht nur durch die Modalität „Sprache" bzw. „Text", sondern auch durch andere Modalitäten bzw. semiotische Ressourcen erfüllt. Texte und Kommunikationsangebote in der Außenkommunikation von Theatern sind heute in aller Regel hochgradig multimodal gestaltet.

In der noch recht kurzen Geschichte der Multimodalitätsforschung haben sich viele Wissenschaftler aus verschiedenen Perspektiven mit der multimodalen Kommunikation auseinandergesetzt (vgl. z. B. Kress/van Leeuwen 2006, O'Halloran 2004, Stöckl 2004a, Bateman 2008, Baldry et al. 2010, Bucher 2010 und 2011). In der vorliegenden Arbeit wird von der sog. „Theorie des multimodalen Handelns" (Bucher 2010) ausgegangen, die auf die funktionale dynamische Texttheorie (zuletzt Fritz 2017) und die Theorie des kommunikativen Handelns (Wittgenstein 1967, Searle 1976, Austin 1986) zurückgeht und multimodale Angebote als komplexe kommunikative Handlungen betrachtet. Ähnlich wie im Fall der Sprache entsprechen auch die kommunikativen Potentiale der Bilder, des Designs, der Vertonung, der Gesten oder der Farben den funktionalen Möglichkeiten, zu denen die einzelnen Modi bzw. Ressourcen als kommunikative Mittel eingesetzt werden können: „Die semiotischen Ressourcen eines Modus zu beschreiben, heißt dann, die kommunikativen Handlungsmöglichkeiten zu beschreiben, zu denen er verwendet werden kann" (Bucher 2010, 59). In der Studie wird also in Anlehnung an Bucher (2010) davon ausgegangen, dass verschiedene Modalitäten gewisse Zwecke erfüllen können.

Neben der Modalität „Sprache" werden in der vorliegenden Studie die Ressourcen[5] „räumliche Anordnung auf der Sehfläche", „Typographie", „Farbe", „Bild" und „Video" behandelt. In diesem Abschnitt soll kurz generell auf Eigenschaften und Funktionen der einzelnen Ressourcen eingegangen werden, um dann ihren Gebrauch in den Texten und Kommunikationsangeboten in der Außenkommunikation von Theatern zu untersuchen.

Die räumliche Anordnung auf der Sehfläche (z. B. auf einer Seite des Spielzeitheftes, einem Flyer, einem Plakat oder einem Bildschirm) kann als eine semiotische Ressource genutzt werden. Das bedeutet, dass die Platzierung bestimmter thematisch-formaler Bausteine in Texten und Kommunikationsangeboten einen kommunikativen Sinn aufweisen kann. Die optische Erscheinungsform und das Layout werden normalerweise nicht nur für dekorativ-ästhetische Zwecke gebraucht (vgl. Ermakova 2015, 95), sondern intentional in einer bestimmten Art und Weise gestaltet. Unter dem Stichwort „räumliche Anordnung auf der Sehfläche" wird somit in der Fallstudie auf die thematisch-formalen Textbausteine und ihre räumliche Positionierung in Texttypen und Kommunikationsangeboten der Institution Theater eingegangen, um diese hinsichtlich ihrer kommunikativen Funktionen zu analysieren.

Des Weiteren ist die Typographie eine Ressource, die an Sprache bzw. geschriebenen Text gebunden ist und ebenfalls „über Form und Bedeutung verfügt" (Stöckl 2004b, 15). Hierbei wird von einem Typographie-Begriff im engeren Sinne ausgegangen, der auf die Gestaltungsdimensionen wie Schriftart, -größe und -schnitt, aber auch Zeichen- und Wortabstand, Zeilenabstand, und Schriftmischungen zu beziehen ist.[6] Laut Wehde (2000, 90) ist die typographische Semantik ein „hochgradig kontextvariables Phänomen" – die Bedeutung der typographischen Gestaltungselemente ist nämlich von der jeweiligen Textsorte, vom typographischen Wissen des Rezipienten und von den zeitlich gültigen Trends und Moden graphischer Gestaltung abhängig (vgl. Stöckl 2004b, 24). So werden beispielsweise in der Werbung häufig serifenlose Schriften wie Futura, Helvetica oder Frutiger verwendet, darüber hinaus können bestimmte klassische Schriftarten mit Serifen z. B. an bestimmte Literaturepochen erinnern. Während Wehde (2000, 89) generalisiert

---

[5]   Die Begriffe „Modalität" und „Ressource" werden in dieser Studie als Synonyme betrachtet. Van Leeuwen weist auf Folgendes hin: „In social semiotics the term ‚resource' is preferred, because it avoids the impression that ‚what a sign stands for' is something pre-given, and not affected by its use" (van Leeuwen 2005, 3).

[6]   Die von Stöckl (2004b, 12) sogenannte „Makrotypographie" (Organisation von Text und Textteilen – Gliederung, Infoverteilung usw.) wird in dieser Arbeit unter dem Stichwort „räumliche Anordnung auf der Sehfläche" behandelt.

drei Hauptfunktionen der Typographie unterscheidet, und zwar „Textinhalt aus-drücken, Gefühlseindrücke und Anmutungen vermitteln und Zeichen einer Kultur bzw. Identität setzen", kann die Typographie zusammen mit anderen Ressourcen auch die graphische Struktur eines Kommunikationsangebots signalisieren (vgl. Ermakova 2015, 97), die Aufmerksamkeit des Lesers lenken (vgl. Janich 2013, 248), die pragmatische Wirkung sprachlicher Äußerungen verstärken bzw. über-formen (vgl. Stöckl 2004b, 42) usw. In der Fallstudie soll geprüft werden, wie und zu welchen Zwecken die Typographie in den Texten und Kommunikationsange-boten der Außenkommunikation von Theatern verwendet wird und wie die einzel-nen Kommunikationsangebote aufgrund der typographischen Mittel miteinander verbunden sind.

Als eine weitere Ressource wird in dieser Studie Farbe betrachtet. Obwohl diese nie alleine existieren kann und an andere Modalitäten wie Schrift, Bild oder ver-schiedene graphische Elemente gebunden ist, kommt ihr in Kommunikationsange-boten eine besonders wichtige Rolle zu, denn sie ist – ähnlich wie die Ressource Typographie – kulturell geprägt. So ist beispielsweise die Farbe Weiß in östlichen Kulturen die Farbe der Trauer, in den meisten europäischen Kulturen hingegen die Farbe der Unschuld, deswegen tragen Bräute meistens weiße Kleider (vgl. Kress/van Leeuwen 2002, 343). Farben haben also ein eigenständiges Leistungs-potenzial und können zu ganz unterschiedlichen Zwecken genutzt werden: Durch die Kontinuität einer bestimmten Farbe kann z. B. die Kohärenz im Text signali-siert werden (Kress/van Leeuwen 2002, 349), die Farbnavigation kann als Hilfs-mittel bei der Orientierung der Rezipienten im virtuellen Raum dienen (beispiels-weise können verschiedene Themenbereiche in Navigationsleisten einer Website verschiedene Farben erhalten; vgl. Kress/van Leeuwen 2002, 349), durch Farbe können bestimmte Textteile oder Elemente in kommunikativen Angeboten visuell hervorgehoben werden usw. Auch in der Marketingbranche spielt die Farbgebung eine wichtige Rolle, und zwar bei der Produktgestaltung – hier kommt Farben näm-lich eine Wiedererkennungsfunktion zu (z. B. wird die Marke Milka sofort an der typischen lila Farbe erkannt usw.; vgl. Brandmeyer et al. 2011, 199). In der Fall-studie soll somit auch auf die spezifischen Funktionen von Farbennutzung in Tex-ten und Kommunikationsangeboten der kommunikativen Ökologie „Theater" ein-gegangen werden.

Heutzutage sind wir aufgrund zahlreicher technischer und technologischer Hilfsmittel Zeugen einer zunehmenden visuellen Gestaltung, was Mitchell (1986) als „visual turn" bezeichnete. Der Grund für diese veränderte „semiotische Land-

schaft" und auch für die sogenannte „Bilderflut" (Stöckl 2004a, 2) in der gegen-
wärtigen Kommunikation liegt nicht nur in der rasanten technischen Entwicklung,
sondern auch in den damit verbundenen veränderten sozialen und kommunikativen
Bedürfnissen. Wegen der Massenmedien gibt es gegenwärtig so viele Informationen, dass die Rezipienten eine (visuelle) Navigation in diesen „Datenmengen" gut
gebrauchen können (vgl. Stöckl 2004, 3). Da also das Bild in der heutigen Kommunikation oft in den Vordergrund tritt und die Verwendungsweisen von Sprache
in Gesamttexten mitbestimmt (vgl. Stöckl 2004a, Vorwort), soll in der Analyse der
Kommunikationsangebote im Umkreis von Theaterinstitutionen eine Analyse der
Bilder und der Text-Bild-Beziehungen nicht fehlen. Dabei ist es wichtig – analog
zur Unterscheidung zwischen Text und Textverwendung – zwischen Bild und
Bildverwendung zu unterscheiden (vgl. Muckenhaupt 1986, 157). Ein und dasselbe Bild kann nämlich für die Durchführung verschiedener kommunikativer
Handlungen wie etwa Veranschaulichen, Beweisen, Belegen usw. eingesetzt werden. Außerdem kommen Bilder nicht selten in Kombination mit anderen Ressourcen vor. Die am häufigsten untersuchten Zusammenhänge sind die zwischen Text[7]
und Bild – diese werden als Prototyp für die Beschreibung der Kombinatorik anderer multimodaler Ressourcen verwendet (vgl. Ermakova 2015, 84). Die Sprache-
Bild-Zusammenhänge wurden bisher von verschiedensten Wissenschaftlern aus
unterschiedlichen Perspektiven untersucht.[8] In dieser Studie lehne ich mich an die
handlungstheoretische Text-Bild-Konzeption von Muckenhaupt (1986, 237ff.) an,
die die Formen der funktionalen Verknüpfung der beiden Darstellungsmittel kon-
zeptualisiert. Nach dieser Konzeption lassen sich drei grundlegende Verknüp-
fungsrichtungen zwischen Text und Bild beobachten (vgl. auch Fritz 2017, 129ff.):

a) Die Verknüpfungsrichtung läuft von Bild zu Text (hier ist der Text thematisch
   zentral und das Bild dient z. B. der Veranschaulichung des durch die Sprache
   thematisierten Gegenstands).
b) Die Verknüpfungsrichtung läuft von Text zu Bild (hier ist das Bild thematisch
   zentral und die sprachlichen Hinweise beziehen sich auf das Bild).

---

[7] Wenn von der Ressource „Text" bzw. von „Text-Bild-Bezügen" gesprochen wird,
     wird mit dem Begriff „Text" nicht ein „multimodales kommunikatives Angebot" ge-
     meint, sondern auf die Modalität „(geschriebene) Sprache" Bezug genommen. Hier-
     bei handelt es sich also um den Textbegriff im engeren Sinne.
[8] Vgl. Gaede 1981, Rohen 1981, Spillner 1982, Muckenhaupt 1986, Kalverkämper
     1993, Stegu 1993, Forceville 1996, Fix 2001, Stöckl 2004a, Nöth 2000, Sandig 2006
     usw.

c) Funktionale Verknüpfungen zwischen Text und Bild laufen in beiden Richtungen, die zusammengenommen den kommunikativen Effekt ermöglichen.

Des Weiteren hat Muckenhaupt (1986) für den Bereich der Fernsehnachrichten zahlreiche routinisierte Formen der Koordination von Text- und Bildbeiträgen beschrieben, aus denen sich beispielsweise die folgenden Funktionen der Bilder ergeben: Mit einem Bild kann man z. B. eine im sprachlichen Teil vorgestellte Person *identifizieren*, man kann mit dem Gebrauch eines Bildes eine *Belegfunktion* erfüllen oder einige Aspekte des sprachlichen Teils *ergänzen*. Darüber hinaus können Bilder gebraucht werden, um die beschriebene Situation zu *veranschaulichen*, es bestehen aber auch *Kommentierungszusammenhänge* zwischen Text und Bild (bspw. wenn man ein Bild sprachlich kommentiert) und reine *Bebilderungszusammenhänge* (bei diesen besteht ein nur auflockernder Zusammenhang zwischen Text und Bild; vgl. Fritz 2017, 132). In der Fallstudie soll auch auf die Funktionen eingegangen werden, die Bilder in Texten und Kommunikationsangeboten der Theaterinstitutionen erfüllen können.

Schließlich werden im Kapitel zur Multimodalität Videos analysiert, die ebenfalls in multimodalen Kommunikationsangeboten im Umkreis von Theaterinstitutionen eingesetzt werden können. Im Sinne der Theorie des multimodalen Handelns können Videos als Teile von multimodalen Angeboten bestimmte Funktionen erfüllen, ihnen kann ein kommunikativer Sinn zugesprochen werden. In der Fallstudie soll somit beschrieben werden, in welchen Kommunikationsangeboten der Institution Theater Videos vorkommen, wie sie in diese Angebote eingebettet sind sowie um welche Arten von Videos es sich handelt. Außerdem soll erforscht werden, was Videos in diesen multimodalen Angeboten thematisieren, welche Funktionen sie darin übernehmen und wie sie intern strukturiert sind.

In der vorliegenden Studie soll unter dem Stichwort „Multimodalität" also der Frage nachgegangen werden, wie und zu welchen Zwecken einzelne Ressourcen in den Kommunikationsangeboten der Institution Theater verwendet werden sowie welche Zusammenhänge zwischen den kommunikativen Angeboten des Textsortennetzes „Theater" aufgrund verschiedener Modalitäten bestehen.

2.3.3 Die an der Außenkommunikation von Theatern beteiligten Akteure

Auf die in der Außenkommunikation von Theatern zu erfüllenden kommunikativen Aufgaben und die dafür verwendeten Texte und Kommunikationsangebote sind auch die beteiligten Akteure und ihr Handeln zu beziehen. Im vorliegenden

Kapitel und dem daran anschließenden Kapitel der Fallstudie (3.2) stehen die Kommunikationsteilnehmer und ihre Rollen, Funktionen und Ziele sowie ihr Vorwissen im Vordergrund.

Adamzik (2002, 229ff.) unterscheidet in diesem Zusammenhang verschiedene Rollen und Funktionen, die Kommunikationsteilnehmer in der konkreten Kommunikation einnehmen können. Sie unterscheidet zwischen „Interaktanten als Akteure der illokutionären Rolle" (z. B. ein Befehlender, ein Fragender usw.), „Interaktanten als Funktionsträger", „Interaktanten als Diskursakteure", „Interaktanten als Individuen", „Interaktanten als Mitglieder der Sprach/Kommunikationsgemeinschaft" sowie „Interaktanten als Kommunikanten" (Beteiligungsrollen). Letztere werden in dieser Studie einfach als „die an der Kommunikation Beteiligten" bezeichnet – dazu gehören die jeweiligen Textproduzenten und -rezipienten.

Anders als im Fall der in der Regel thematisch gebundenen Diskurse, in denen die Interaktanten eine gewisse Diskursposition (z. B. als Befürworter oder Gegner) einnehmen können, übernehmen die hier zu berücksichtigenden Akteure die Rolle der an der Außenkommunikation von Theatern Beteiligten, wobei die Textproduzenten zugleich als Funktionsträger fungieren. Laut Adamzik (2002, 231) sind Funktionsträger Textakteure, für die typisch ist, „dass sie die einzigen sind, die bestimmte (kommunikative) Handlungen vollziehen und entsprechende Texte bzw. Textsorten produzieren [...] dürfen und müssen; ihre gesellschaftliche Aufgabe besteht wesentlich in der Teilnahme an solchen kommunikationsbereichsspezifischen Aktivitäten". Beispiele für Funktionsträger sind Richter, Professoren, Dramaturgen, aber auch „Group Agents" (vgl. Tollefsen 2015) wie etwa Gerichte, Parteien usw. Im Fall der Kommunikations-Ökologie im Umkreis von Theaterinstitutionen könnte somit behauptet werden, dass der übergeordnete Funktionsträger einfach die Institution Theater ist.

Bei der Betrachtung der Akteure ist ein wichtiger Gesichtspunkt die Berücksichtigung der Ziele der Produzenten, aber auch der Rezipienten. Die Rezipienten können im Interaktionsrahmen „Theater" je nach ihrem Interesse bzw. Ziel („sich für das Programm interessieren", „mehr über den Inhalt eines Stücks erfahren möchten", „ein Ticket kaufen möchten", „ein Abo abschließen möchten" usw.) zwischen unterschiedlichen Kommunikationsangeboten auswählen. Bei der Produktion dieser Theater-Angebote können die Textgestalter je nach ihrem Ziel aus einer großen Bandbreite an verschiedenen Medienformaten, Ressourcen, sprachlichen/typographischen Mitteln usw. auswählen.[9] Die kommunikativen Funktionen – darauf weist

---

[9]   Natürlich müssen sich die Gestalter bei der Textproduktion (vor allem bezüglich der Medienformate, aber auch bezüglich des Layouts usw.) an bestimmten Vorgaben

Bucher in verschiedenen Arbeiten (z. B. 2010, 2011) hin – sollten somit nicht den einzelnen Ausdrücken bzw. Ressourcen, sondern den Akteuren und ihrem Gebrauch von Ausdrücken bzw. Ressourcen zugeschrieben werden. So hebt z. B. nicht der Fettdruck oder die blaue Farbe in einem Spielplan bestimmte Textelemente hervor, vielmehr setzt der Textproduzent solche typographischen Mittel mit dem Ziel ein, bestimmte Textelemente hervorzuheben. Die Textgestalter handeln also zielorientiert und die Rezipienten „profitieren bei der Nutzung des Kommunikationsangebots von dem daraus folgenden kommunikativen Sinn" (Ermakova 2015, 52). Dabei setzt der Gebrauch verschiedener Medienformate und Ressourcen in Theater-Angeboten beim Rezipienten ein gewisses Allgemein- und vor allem spezifisches Sprach- bzw. Textsortenwissen sowie kulturelles Wissen voraus. So müssen die Rezipienten über das Wissen darüber verfügen, dass mit dem Einsatz des Fettdrucks, der Kursivschrift und bestimmter Farben gewisse Textelemente hervorgehoben werden können, dass z. B. das Symbol „durchgestrichenes Auge" in Theater-Texten für eine „Vorstellung für Blinde" und somit für eine Audiodeskription eingesetzt werden kann, und dass das Medienformat „Faltbuch" bzw. „Leporello" im Theater typischerweise für die Realisierung von Texten des Typs „Spielplan" verwendet wird (dabei spielt vor allem das allgemeine und das kulturelle Wissen der Rezipienten eine wichtige Rolle).

In der Fallstudie soll exemplarisch auf die Akteure eingegangen werden, die an der Außenkommunikation des Stadttheaters Gießen beteiligt sind.

2.3.4 Die zeitliche Dynamik der Nutzung bestimmter Texttypen (in der Spielzeit)

Die Textsorten und Kommunikationsangebote, die in einer Spielzeit genutzt werden, unterliegen einer gewissen zeitlichen Dynamik. Bei der Beschreibung der Ökologie der Außenkommunikation von Theatern soll der Aspekt der Zeit deshalb nicht vernachlässigt werden. Die zeitliche Dynamik der Textsorten und Kommunikationsangebote in der Spielzeit hängt eng mit den Thematisierungsanlässen der einzelnen Angebote zusammen. So erscheint beispielsweise zu dem Thematisierungsanlass „Theaterangebot im neuen Monat" in den meisten Theaterinstitutionen die Publikation „Spielplan", die durch verschiedene andere Kommunikationsangebote (wie etwa Programmhefte, Ankündigungen, Werbetexte usw.) begleitet werden kann. Laut Adamzik (2011, 372f.) können Textsorten unter anderem auch an-

---

halten, trotzdem sind sie zu einem gewissen Maße frei in ihrer Entscheidung bei dem Einsatz der Formate und Ressourcen.

hand syntagmatischer Relationen miteinander vernetzt werden – dabei unterscheidet sie zwischen Vor- und Nachtextsorten sowie Textsortenketten. Während im Fall der Textsorte „Spielplan" als Vortexte im weiteren Sinn (vgl. Klein 2000b, 42) z. B. Texte verschiedener Bühnenstücke sowie Regiebücher, aber auch der Spielplan des letzten Monats verstanden werden können, können als Vortexte im engeren Sinn z. B. Entwürfe des aktuellen Spielplans angesehen werden.[10] Textsorten, die einem Spielplan (z. B. am Ende des Monats) folgen, sind beispielsweise Kritiken oder wissenschaftliche Arbeiten zu einem inszenierten Theaterstück. Obwohl diese zeitlich gesehen *nach* einem Spielplan erscheinen, beziehen sie sich jedoch nicht direkt auf den Spielplan, sondern auf die Theateraufführung.

In der Fallstudie soll auch der Frage nachgegangen werden, welche Rolle der typischen zeitlichen Dynamik bei der Nutzung von Texten und Kommunikationsangeboten in der Außenkommunikation von Theatern zukommt, außerdem sollen die zeitbezogenen Zusammenhänge zwischen den einzelnen Angeboten analysiert werden.

2.3.5 Die Nutzung von Medien (in physischen und virtuellen Räumen)

Um die kommunikativen Aufgaben in der Außenkommunikation von Theatern zu bewältigen, werden in der Kommunikations-Ökologie „Theater" verschiedene Medien benutzt, durch welche die unterschiedlichen Texte und multimodalen Angebote vermittelt werden. Dabei werden die Angebote samt ihren Funktionen und ihrem Bedeutungspotenzial durch die technisch-physikalischen Gegebenheiten des Mediums geprägt. Im vorliegenden Abschnitt geht es somit um das Phänomen der Medialität (Fix 2008c, 344), das bei der Beschreibung von Textsorten und Arten von multimodalen Angeboten in der Ökologie der Außenkommunikation von Theatern eine wichtige Rolle spielt.

Der Begriff „Medium" wird in der wissenschaftlichen Literatur sehr unterschiedlich verwendet.[11] Um eine rein technologische Definition des Phänomens „Medium" (im Sinne eines Mittels zur Herstellung, Speicherung und/oder Übertragung von Informationen) zu vermeiden, schlagen Bucher/Gloning/Lehnen (2010, 19) eine hierarchische Ordnung der Medienkommunikation vor, die sich in drei Stufen einteilen lässt: Sie unterscheiden zwischen Medien*gattungen* (z. B.

---

[10] Dabei gehören Bühnentexte, Regiebücher und Spielplan-Entwürfe nicht der Außenkommunikation, sondern der internen Kommunikation von Theatern an.
[11] Vgl. dazu z. B. Posner 1986, Holly 1997, Bucher 1999, Habscheid 2000, Schmitz 2004, Dürscheid 2005, Bucher/Gloning/Lehnen 2010 usw.

Printmedien, Hörfunk, Fernsehen, Internet usw.), Medien*formaten* (z. B. Tageszeitung, Wochenmagazin, Fachzeitschrift, Tabloid, Weblog, Podcast, Chat usw.) und *Genres/Kommunikations-/Darstellungsformen* (z. B. Bericht, Magazingeschichte, Porträt, Kommentar usw.). Dabei werden Mediengattungen „als Dispositive verstanden, in denen Produktions-, Distributions- und Rezeptionsaspekte zusammengefasst sind" (Bucher/Gloning/Lehnen 2010, 19), außerdem zeichnen sie sich dadurch aus, „dass sie spezifische Handlungs- und Nutzungsmöglichkeiten eröffnen, auf deren Grundlage Gattungsunterschiede funktional erklärbar werden" (Bucher/Gloning/Lehnen 2010, 19). So besteht z. B. zwischen dem Fernsehen und dem Kino nicht nur ein Unterschied in der Übertragungs-/Darstellungstechnik, sondern auch in der infrastrukturellen Voraussetzung, gesellschaftlichen Funktion, Rezeptionsform, der Programmzusammenstellung usw. Während der Begriff der Mediengattungen also anstatt des allgemeineren Begriffs „Medien" verwendet werden kann, ist der Formatbegriff „auf einer mittleren Ebene zwischen den Makrostrukturen eines Mediums und den Mikrostrukturen medialer Beiträge angesiedelt" (Bucher/Gloning/Lehnen 2010, 21). Bucher, Gloning und Lehnen (ebd.) weisen außerdem darauf hin, dass dieser Begriff „Form-, Funktions- und Inhaltsaspekte gleichermaßen umfasst". Um eine ähnliche Kategorie handelt es sich bei Christa Dürscheid (2005) im Fall von „Kommunikationsformen" und bei Ulla Fix in Bezug auf den Begriff „institutionalisierte Textträger" (vgl. Fix 2008c, 346). In diesen beiden Fällen – wie auch im Fall von Medienformaten – handelt es sich um einen „äußeren Rahmen des kommunikativen Geschehens" (Dürscheid 2005, 6), also um eine den eigentlichen Genres bzw. Handlungsmustern vorgelagerte Kategorie.

Im Hinblick auf die technologisch-medialen Bedingungen können Texte und Kommunikationsangebote der Institution Theater in zwei Kommunikationsräumen vorkommen: in einem physischen und einem digitalen Raum. Dabei unterscheiden sich Angebote in den beiden Räumen grundsätzlich in ihrer Mediengattung: Während die Texte im digitalen Raum der Kommunikations-Ökologie von Theaterinstitutionen durch das Internet vermittelt werden, handelt es sich im Fall von Angeboten im physischen Raum um gedruckte bzw. visuelle Angebote auf Sehflächen, ggf. auch um ergänzende oder zusätzliche auditive oder gar performative Angebote.[12] Gedruckte Angebote können in Form von verschiedenen Medienformaten

---

12   Beispiele wären Lautsprecherwagen, die durch einen Ort fahren und eine Veranstaltung in Erinnerung rufen, oder Schauspieler, die tagsüber in Kostümen in einer Stadt Handzettel verteilen und auf eine Veranstaltung hinweisen. Aktionen dieser Art sind inzwischen aber eher selten.

wie etwa Heft/Broschüre, Flyer oder Plakat vermittelt werden. Dabei können verschiedene Medienformate im physischen und digitalen Raum des untersuchten Textsortenrepertoires für unterschiedliche Nutzungsweisen funktionalisiert werden. Technisch-mediale Grundlagen eröffnen und verschließen jeweils bestimmte kommunikative Handlungs- und Gestaltungsspielräume, die vorhandenen Spielräume können von den Akteuren flexibel und ausgerichtet an den jeweiligen kommunikativen Zielen genutzt werden (vgl. Muckenhaupt 1999).

In der Fallstudie soll unter dem Stichwort „Medialität" auf verschiedene Mediengattungen und -formate, durch die die Theater-Texte vermittelt werden, auf verschiedene mit den technologisch-medialen Rahmenbedingungen verbundene Handlungsoptionen sowie auf die vielfältigen medialen Zusammenhänge zwischen den einzelnen kommunikativen Angeboten der Institution Theater eingegangen werden.

2.3.6 Die Nutzung des Ortes

Bei der Analyse der Theater-Angebote, die sich im physischen Raum der hier zu analysierenden Kommunikations-Ökologie befinden, soll die Kategorie „Lokalität" (vgl. Fix 2008c) nicht unberücksichtigt bleiben, denn der Publikationsort dieser Texte übernimmt nicht selten eine bedeutungskonstitutive Rolle. Das heißt, dass die Orte, an denen sich Angebote wie etwa Werbeplakate für Theateraufführungen, Spielpläne usw. befinden, das kommunikative Potential dieser Texte mitbestimmen und die Rezeption der Vorbeigehenden lenken. Wenn auch solche Texte nicht indexikalisch in dem Sinne sind, dass sie nur an einem Ort interpretierbar sind (wir können solchen Werbeplakaten an verschiedenen Werbewänden, in U-Bahnhöfen oder auf mobilen Objekten wie etwa Bussen begegnen), sind sie an manchen Orten passender als an anderen (vgl. Auer 2010, 279). Werbetexte für Theateraufführungen und Spielpläne werden an Orten, die mit Kultur und Bildung verbunden sind, eher ihre Funktion erfüllen als beispielsweise auf einem Wochenmarkt, einem Wanderweg oder im Krankenhaus. Dort würde ihnen nämlich ihr spezifischer Adressatenkreis fehlen, auch wenn nicht ausgeschlossen werden kann, dass sich an diesen Orten einzelne Theaterinteressierte befinden. Obwohl ortsungebunden, sind diese Texte also situations- bzw. kontextgebunden und lenken durch den Ort ihrer Publikation die Rezeption.

Viele Texte wie beispielsweise das Schild „Bühneneingang", der Wegweiser zur Theaterkasse oder verschiedene Inschriften an Theaterhäusern sind jedoch an das Theatergebäude gebunden, sie eröffnen an ihrem Ort ganz bestimmte Handlungsräume und wären an anderen Orten in ihrer spezifischen Funktion nicht verstehbar.

Darüber hinaus wirkt sich die Ortsgebundenheit solcher Theater-Angebote auf die Auswahl des jeweiligen Textträgers, auf ihre Themenorganisation, die sprachlichen Eigenschaften und die graphische Gestaltung aus.

In der Fallstudie soll unter dem Begriff „Lokalität" auf die Aspekte des Ortes eingegangen werden, der für die Veröffentlichung bestimmter Theater-Angebote verwendet werden kann. Dabei soll die Aufmerksamkeit vor allem den ortsgebundenen Kommunikationsangeboten im Umkreis von Theaterinstitutionen sowie verschiedenen ortsbezogenen Zusammenhängen zwischen den einzelnen Angeboten gewidmet werden.

3. Die Ökologie der Außenkommunikation von Theatern: Eine Fallstudie zum Stadttheater Gießen

In Bezug auf die grundlegenden kommunikativen Aufgaben, die in der Außenkommunikation von Theatern im Rahmen von Spielzeiten wiederkehrend zu erledigen sind, entwickelt sich also ein eigener Funktionskreis, ein Kommunikationsaufkommen, dessen Kern aus einem Repertoire von Texttypen und multimodalen Kommunikationsangeboten besteht, und zu welchem außerdem weitere Komponenten gehören wie etwa die typische zeitliche Dynamik, verschiedene Akteure, zahlreiche Medien, physische und virtuelle Kommunikationsräume, sodann verschiedene Aspekte des Ortes usw. Im theoretischen Teil der Studie (Kapitel 2) wurde dieser komplexe Funktionskreis im Umfeld der Institution Theater, der hier mit dem Ankerbegriff „Kommunikations-Ökologie" bezeichnet wird, samt seiner Struktur, seinem Kern und seinen weiteren Komponenten in seinen Grundzügen vorgestellt und beschrieben.

Im Folgenden soll die im theoretischen Teil erarbeitete Konzeption der Ökologie der Außenkommunikation von Theatern mit einer Fallstudie veranschaulicht und erprobt werden. Dabei sollen anhand der Kommunikations-Ökologie des Stadttheaters Gießen die typischen Thematisierungsanlässe für die einzelnen Textsorten und Kommunikationsangebote und ihre zeitliche Dynamik beschrieben werden sowie die an der Außenkommunikation des Stadttheaters Gießen beteiligten Akteure besprochen werden. Ferner werden die einschlägigen Textsorten und Kommunikationsangebote hinsichtlich ihrer Funktionen, (Teil-)Themen, typischer Äußerungsformen und Kommunikationsprinzipien sowie hinsichtlich ihrer graphischen Gestaltung (Nutzung verschiedener Modalitäten) analysiert. Schließlich sollen dann weitere Komponenten dieser Kommunikations-Ökologie wie etwa verschiedene Aspekte der Medialität und Lokalität (vor allem Ortsgebundenheit) der Kommunikationsangebote untersucht werden. Dabei wird in der Fallstudie auch auf die mannigfaltigen Relationen zwischen den einzelnen Texttypen und Angeboten der Theater-Ökologie eingegangen.

Ziel der vorliegenden Studie ist es nicht, ein abgeschlossenes Inventar „theaterspezifischer" Textsorten zu liefern, denn solche Theater-Ökologien können sich von Theater zu Theater auch unterscheiden, sie weisen darüber hinaus von Kultur zu Kultur und von Epoche zu Epoche zum Teil unterschiedliche Elemente und Dimensionen kommunikativen Handelns auf, darin sind sie den von Luckmann beschriebenen kommunikativen Haushalten ähnlich (vgl. Luckmann 1997, 12). Die

Ökologie in der Außenkommunikation von Theatern hat also einen historisch-dynamischen Charakter, der darin besteht, dass bestimmte Textsorten im Laufe der Zeit oder in bestimmten Kulturen nicht (mehr) verwendet werden oder sich verändern, es können aber auch neue Textsorten und/oder Arten von medialen Angeboten hinzukommen. Die Bestände an typischerweise genutzten Textsorten und kommunikativen Angeboten unterscheiden sich wie gesagt auch von Theaterinstitution zu Theaterinstitution – das heißt, dass die unten beschriebenen Beobachtungen überwiegend auf die Kommunikations-Ökologie des Stadttheaters Gießen zutreffen und somit nicht ohne Weiteres verallgemeinerbar sind. Für eine umfassendere Beschreibung der Ökologie sollen in einer späteren Untersuchung dann mehrere Theaterinstitutionen mit ihren unterschiedlichen Textsorten und multimodalen Angeboten sowie mehrere Spielzeiten berücksichtigt werden.

3.1   Thematisierungsanlässe und die zeitliche Dynamik der Nutzung einzelner Texttypen

Die Textsorten und multimodalen Angebote in der Außenkommunikation von Theatern erscheinen hauptsächlich zu folgenden sechs grundlegenden (aktuellen oder überzeitlichen) Thematisierungsanlässen: 1) Vorstellung einer Theaterinstitution, ihres Teams und ihrer Leistungen, 2) Kontaktaufnahme mit den potenziellen Theaterbesuchern, 3) neue Spielzeit, 4) neuer Monat, 5) Premiere einer Theateraufführung und 6) eine Theateraufführung (Premiere oder Wiederaufnahme). Während beispielsweise Websites von Theaterinstitutionen Kommunikationsangebote sind, die der Vorstellung der Theaterinstitution und ihrer Leistungen dienen und aus diesem Grund auch konzipiert werden, ist der Thematisierungsanlass der Textsorte „Schauspielerporträt" die Vorstellung eines/r in einer bestimmten Theaterinstitution tätigen Schauspielers/in.[13] Um mit den potenziellen Theaterbesuchern in Kontakt zu treten, sind viele Theaterinstitutionen Mitglieder der Sozialen Netzwerke und richten sich z. B. eine Facebook- und eine Twitterseite ein. Vor jeder neuen Spielzeit, die in der Regel im Herbst beginnt, erscheint in fast jedem Theater eine umfangreiche Publikation, die die am Theater Interessierten über die kommende Spielzeit informiert – das Spielzeitheft. Des Weiteren gilt jeder neue Monat als Thematisierungsgrund für eine neue Ausgabe der Textsorte „Spielplan" bzw. „Leporello", die die am Theater Interessierten über den Zeitplan aller in einem bestimmten Monat stattfindenden Theateraufführungen informiert. Vor der Premiere

---

[13]   Ähnlich ist der Thematisierungsgrund anderer Personenporträts (z. B. eines Dramaturgenporträts), diese Person (z. B. den Dramaturgen) vorzustellen.

einer jeden Theateraufführung wird die Textsorte „Programmheft" veröffentlicht, die sich speziell dieser Theaterinszenierung (dem aufgeführten Stück, dem Autor, den Schauspielern usw.) widmet, außerdem sind Premieren Thematisierungsanlässe für weitere Textsorten und multimodale Angebote wie etwa „Werbetext" (für diese bestimmte Theateraufführung) und „Kritik", die normalerweise nach der Premiere erscheint. Zu jeder Theateraufführung, unabhängig davon, ob es sich um Premiere oder Wiederaufnahme handelt, werden weitere Textsorten und kommunikative Angebote wie z. B. „Ankündigung", „Eintrittskarte" und „Stückzettel" (ein kurzer Text, den die Zuschauer normalerweise zu Beginn einer Theaterführung erhalten und in die Vorstellung mitnehmen können) genutzt. Um über Neuigkeiten und das Aktuelle im Theater zu benachrichtigen, wird zudem die Textsorte „Newsletter" konzipiert, die die Interessenten abonnieren können und per E-Mail erhalten. Dabei hängen die Thematisierungsgründe für die einzelnen Kommunikationsangebote unmittelbar mit den im Kapitel 3.3.1 vorgestellten kommunikativen Funktionen dieser Angebote zusammen.

Die Textsorten und Kommunikationsangebote in der Außenkommunikation von Theatern unterliegen somit einer bestimmten zeitlichen Dynamik in der Spielzeit. Dabei kann man auch von Vor- und Nachtextsorten (vgl. Adamzik 2011, 372) sprechen. Im Stadttheater Gießen gehören zu den Kommunikationsangeboten, die unabhängig von gewissen Ereignissen in der Spielzeit sind und somit ständig rezipiert werden können, die Website des Stadttheaters, die Facebook- und die Twitterseite sowie Textsorten, die ein Teil der Website sind – z. B. das Schauspielerporträt. Sonst fängt die Spielzeit in der Regel mit einem Spielzeitheft an, parallel dazu wird normalerweise der Spielplan für den ersten Monat (normalerweise September) veröffentlicht. Vor der ersten Premiere (am Anfang des ersten Monats) wird für diese durch verschiedene Werbetexte (in Gießen überwiegend durch Werbeplakate) und Ankündigungstexte (in Zeitungen, sozialen Netzwerken usw.) für die Vorstellung geworben. Im Fall des Ankündigungstextes muss zwischen Vorankündigungen und Ankündigungen unterschieden werden. Während eine Vorankündigung eine neue Theateraufführung ankündigt und somit für jedes aufgeführte Stück nur einmal – vor der Premiere – erscheint, ist der Begriff „Ankündigung" allgemeiner und wird auf Ankündigungen der Wiederaufnahmen bezogen. Vor der Premiere erscheint neben den Werbetexten und Vorankündigungen auch das Programmheft zu dem aufgeführten Stück, das normalerweise auch bei allen Wiederaufnahmen dieses Stücks verwendet wird.[14] Vor jeder neuen Aufführung erscheinen auch Texte

---

[14] Im Vergleich dazu können bzw. müssen manche Werbetexte, vor allem aber Ankündigungen für Wiederaufnahmen neu konzipiert werden.

des Typs „Stückzettel", die auch bei Wiederaufnahmen genutzt werden können. Nach der Premiere erscheinen Theaterkritiken – in Gießen gibt es zu jeder Aufführung normalerweise (mindestens) zwei Kritiken, und zwar in den Zeitungen *Gießener Allgemeine* und *Gießener Anzeiger*. Diese Kritiken sind zwar zunächst nicht Teil der Außenkommunikation des Theaters selbst, sie werden aber in vielen Fällen in die öffentliche Dokumentation zu einer Theaterinszenierung mit aufgenommen. Mit jedem neuen Monat kommt dann ein neuer Spielplan und mit jeder Premiere eine neue Vorankündigung, (mindestens) ein neuer Werbetext, ein neues Programmheft usw. Newsletter werden je nach der Theaterinstitution einmal oder mehrmals pro Monat verschickt.

Aus den obigen Abschnitten ist ersichtlich, dass die Charakterisierung der typischen zeitlichen Dynamik in der Nutzung von Texten bzw. multimodalen Kommunikationsangeboten einen wichtigen Aspekt der Beschreibung der Kommunikationsökologie darstellt.

3.2 Akteure

Wie bereits im theoretischen Teil dieser Studie erwähnt, sollen bei der Beschreibung der Ökologie der Außenkommunikation von Theatern die an dieser Kommunikation beteiligten Akteure und ihre Ziele nicht vernachlässigt werden – letztere sind ja unmittelbar auf die zu erfüllenden kommunikativen Aufgaben der Institution Theater zu beziehen.

Zu den Rezipienten der Theater-Angebote werden vor allem die am Theater (bzw. konkret: am Stadttheater Gießen) Interessierten, die potenziellen Theaterbesucher oder (im Fall mancher Kommunikationsangebote) auch Theaterexperten gezählt. Weil diese Kommunikationsangebote einen öffentlichen Charakter haben, können sie aber eigentlich von jedem rezipiert werden. Die Rezipienten können im Interaktionsrahmen „Theater" je nach ihrem Interesse bzw. nach ihren Zielen („sich für das Programm interessieren", „mehr über den Inhalt eines Stücks erfahren möchten", „sich für weitere Angebote/Dienstleistungen des Theaters interessieren", „ein Ticket kaufen möchten", „ein Abo abschließen möchten", „einen Newsletter abonnieren möchten" usw.) also zwischen unterschiedlichen Kommunikationsangeboten auswählen. Bei ihnen wird außerdem, wie schon erwähnt, ein gewisses Allgemein- und spezifisches Sprach- bzw. Textsortenwissen sowie kulturelles Wissen vorausgesetzt, um diese Kommunikationsangebote rezipieren zu können.

Was die Textproduzenten anbelangt, so werden verschiedene Kommunikations-angebote der Theaterinstitutionen von verschiedenen Produzenten gestaltet. So gibt es in den meisten Schauspielhäusern bestimmte Personen, die für das Verfassen von Werbetexten, Vorankündigungen, Stückzetteln usw. zuständig sind. Im Stadttheater Gießen sind die Autoren dieser Kommunikationsangebote der Öffentlichkeit nicht bekannt. Im Spielzeitheft wird als Herausgeber einfach *Stadttheater Gießen GmbH* angegeben, außerdem gibt es verschiedene Redaktionsmitglieder, es bleibt jedoch unklar, ob diese auch die Autoren der einzelnen Spielzeitheft-Texte sind. Die verschiedenen Teiltexte der Textsorte „Programmheft"[15] werden normalerweise von verschiedenen Autoren verfasst – Programmhefte haben also oft mehrere Produzenten. Dabei können einige Texte auch vom Autor des Theater-stücks stammen, die anderen werden normalerweise von Dramaturgen, Literatur-bzw. Theaterwissenschaftlern und anderen Theaterexperten verfasst. Während die Produzenten der Theaterkritiken Theaterkritiker sind, gibt es in Theaterinstitutionen normalerweise Mitarbeiter, die für die Konzeption und Aktualisierung der digitalen Angebote (Website, Newsletter, Soziale Netzwerk-Seiten) zuständig sind. Diese Mitarbeiter sind für die Texte im redaktionellen Teil zuständig, im sogenannten nicht-redaktionellen Teil der digitalen Kommunikationsangebote, der vor allem in sozialen Netzwerken eine wichtige Rolle spielt und zu dem Kommentare und Bewertungen verschiedener Arten gehören, kann jedoch „jeder durchschnittlich befähigte Nutzer" (Androutsopoulos 2010, 421) zum Produzenten werden.[16]

Wie die Rezipienten handeln auch die Produzenten der multimodalen Theater-Angebote zielorientiert. Dabei stimmen die Ziele der Textgestalter im größten Teil mit den im folgenden Kapitel (vgl. 3.3.1) präsentierten Funktionen der Texte und Kommunikationsangebote in der Außenkommunikation von Theatern überein.[17] Die Textproduzenten möchten also über den Spielplan des Theaters informieren, die Theaterinstitution vorstellen, für die Theatervorstellungen und andere Angebote werben, eine Theateraufführung bewerten usw. Um eine Wiederholung der Inhalte zu vermeiden, soll an dieser Stelle auf eine ausführliche Auseinandersetzung mit den Zielen der Textgestalter verzichtet werden. Im Abschnitt 3.3.1 soll dann detailliert auf die kommunikativen Funktionen der einzelnen Theater-Text-sorten eingegangen werden und diese anhand von Beispielen veranschaulichen.

---

[15] Zum Aufbau der Textsorte „Programmheft" siehe Kapitel 3.3.5.1.
[16] Mehr zum ersten Kennzeichen des Web 2.0, der sogenannten Partizipation, siehe in Kapitel 3.4.
[17] Das bedeutet natürlich nicht, dass die Texte immer auch so rezipiert werden, wie es vom Produzenten intendiert war.

Wichtig erscheint darüber hinaus, dass das, was oben über die zeitliche Dynamik der Nutzung von Textsorten bzw. multimodalen Angeboten gesagt wurde, unmittelbar zusammenhängt mit den Produktionsverpflichtungen von Akteuren, deren Zusammenspiel so organisiert sein muss, dass die Angebote zur richtigen Zeit verfügbar sind.

3.3   Das Repertoire von Textsorten und multimodalen Angeboten und die Analyse einzelner Parameter

3.3.1 (Teil-)Funktionen, sprachliche Handlungen und funktionale Zusammenhänge zwischen den einzelnen Texttypen

Die hier berücksichtigten Kommunikationsangebote im Umkreis der Institution Theater erfüllen neun grundlegende Funktionen, auf die jeweils auch spezifische sprachliche Handlungen bezogen sind: 1) Informieren, 2) Sich selbst (die Theaterinstitution) bzw. das Team usw. vorstellen, 3) Die (potenziellen) Theaterbesucher ansprechen und mit ihnen in Kontakt treten, 4) Eine Theateraufführung/Veranstaltung ankündigen, 5) Aufmerksamkeit erregen/werben, 6) Dienstleistungen anbieten/Nutzerhandlungen eröffnen, 7) Sich mit dem Inhalt/Thema usw. eines Theaterstücks auseinandersetzen, 8) Beurteilen/Bewerten und 9) Den Eintritt ermöglichen. Im Dienste dieser übergeordneten Funktionen stehen nicht selten weitere Funktionen wie etwa 10) Beschreiben, 11) Veranschaulichen sowie 12) Unterhalten. Diese (grundlegenden wie auch untergeordneten) sprachlichen Handlungen werden in verschiedenen kommunikativen Angeboten der Institution Theater mit unterschiedlichen thematischen Aspekten kombiniert – dadurch ergeben sich Textbausteine mit verschiedenen Teilfunktionen (vgl. Gloning 2008, 65), die im Folgenden näher beschrieben werden sollen.

1) Das Informieren und seine thematischen Aspekte

Informieren ist eine grundlegende Funktion der zum Textsortenrepertoire gehörenden Textsorten und kommunikativen Angebote, denn fast alle Textsorten im Umkreis der Institution Theater erfüllen (zumindest teilweise) diese Funktion – viele Kommunikationsangebote im Repertoire sind also durch die gemeinsame Funktion „Informieren" und durch entsprechende funktionale Textbausteine miteinander verbunden. So erfüllen z. B. Theater-Websites die Funktion, über die Theaterinstitution und ihre Angebote zu informieren. Nach Lehnen (2006, 199) sind Websites „im Internet online verfügbare Hypertexte", wobei für Hypertexte die Eigenschaft der Nicht-Linearität besonders charakteristisch ist (vgl. Storrer 2000, 227).[18] So können sich beispielsweise die am Stadttheater Gießen Interessierten auf der Homepage des Theaters (vgl. Abb. 1) über die nächsten Premieren, nächsten Termine und „News" informieren, durch das Anklicken einzelner Links bzw. Titel der Aufführungen (z. B. *Rio Reiser – König von Deutschland, Jeder hat das Recht... Unser Grundgesetz* usw.) oder einzelner Themenbereiche in der Navigationsleiste oben (*Kalender, Spielzeit, Das sind wir, Info, Junges Theater, Ticketshop*) können sie aber zu weiteren Textteilen bzw. Modulen und somit zu weiteren Informationen gelangen. Wegen der nicht-linearen Struktur von Hypertexten können die Website-Besucher selbst auswählen, welche Informationen für sie besonders von Interesse sind.

Die informierende Funktion erfüllen auch Texte des Typs „Spielzeitheft", mit denen die potenziellen Theaterbesucher über die kommende bzw. laufende Spielzeit informiert werden sollen. So erfüllt das Spielzeitheft des Stadttheaters Gießen 2017/18 (vgl. Abb. 2) eine Menge von Teilfunktionen, die sich zum Teil mit den Teilfunktionen der Website des Theaters überlappen: Ähnlich wie die Website informiert auch das Spielzeitheft über die Termine der Premieren (bzw. beinhaltet den Spielplan) des Musiktheaters, Schauspiels, Tanztheaters, Kinder- und Jugendtheaters sowie der Konzerte und Sonderkonzerte (vgl. Abb. 3).[19] Diese Termine (allerdings auch Termine der Wiederaufnahmen und nicht nur der Premieren) befinden sich auf der Homepage unter der Rubrik *Spielzeit* (vgl. Abb. 4) bzw. *Kalender* (Abb. 5). Diese Teilfunktion des Spielzeitheftes und der Website überschneidet sich mit der Hauptfunktion der Textsorte „Spielplan"/„Leporello" (vgl. Abb. 6) – auch hier wird nämlich über den Zeitplan der Theateraufführungen informiert. Der Unterschied zu den Kommunikationsformen „Schauspielheft" und „Website" besteht allerdings darin, dass es sich hier jeweils um einen Monatsplan und nicht um alle Termine aus einer Spielzeit handelt. Ein weiterer Unterschied zwischen der Textsorte „Spielplan" und dem Spielplan im Spielzeitheft/auf der Website besteht

---

[18]   Zu weiteren definitorischen Merkmalen von Hypertexten siehe das Kapitel 3.4.

[19]   Das Stadttheater Gießen ist eine Institution, zu der neben dem Schauspiel auch ein Musik-, ein Kinder- und Jugend- sowie ein Tanztheater gehören, außerdem finden im Stadttheater Gießen auch Konzerte statt. Diese Tatsache beeinflusst zum Teil die Textsorten im Textsortenrepertoire der Außenkommunikation des Theaters, und zwar insofern, als beispielsweise die Website oder das Spielzeitheft des Stadttheaters Gießen nicht nur über das Angebot des Schauspiels, sondern auch über andere Angebote (wie etwa des Musiktheaters etc.) informieren. Im Folgenden setze ich mich hauptsächlich mit den typischen Inhalten der Textsorten auseinander, die sich auf das Schauspiel beziehen.

außerdem in der Anordnung der Termine – während diese im Spielzeitheft und auf der Website des Stadttheaters Gießen nach Rubriken (*Musiktheater*, *Schauspiel*, *Tanztheater* usw.) angeordnet sind, handelt es sich im Spielplan nur um eine rein zeitliche und nicht nach Angebotstypen sortierte Anordnung der Aufführungen.

Eine weitere (Teil-)Funktion vieler kommunikativer Angebote der Institution Theater ist es, über den Inhalt, die Zeit und den Ort der Aufführungen sowie über das an den Aufführungen beteiligte Team zu informieren. So informiert beispielsweise die Textsorte „Spielzeitheft" unter anderem über die Inhalte einzelner Premieren, wie etwa im folgenden Abschnitt zur Aufführung *Hoppla, wir leben*:

> Zehn Tage wartete Karl Thomas mit seinen Genossen auf den Tod. Dann kam die Begnadigung – und er fiel ins Bodenlose. Nacht acht Jahren Psychiatrie versucht er nun, in die Normalität zurückzufinden. Doch was ist schon normal in diesen politisch aufgeheizten Zeiten? [...] (vgl. Abb. 7)

Im Segment zu jeder Aufführung (wie z. B. zur Aufführung *Hoppla, wir leben*) befinden sich außerdem Informationen zum Autor des Theaterstücks (*Schauspiel von Ernst Toller*), zum Termin und Ort der Premiere (*02.09.17 Großes Haus*), zum Autor der Inszenierung und dem Zuständigen für die Bühne (*Thomas Krupa*), zum Zuständigen für das Video und die Bühne (*Stefano di Buduo*), eventuell zu dem Zuständigen für Kostüme oder Musik usw. (vgl. Abb. 7).

Eine ähnliche Teilfunktion erfüllen auch Theater-Websites (zu diesen Informationen gelangt man durch das Anklicken einzelner Premieren – vgl. Abb. 8), Spielpläne und Stückzettel. In Spielplänen ist die Funktion, über die Inhalte einzelner Aufführungen zu informieren der primären Funktion des Informierens über den Monatsplan untergeordnet, deswegen befinden sich die Infos zu Terminen und Orten sowie zum Team auf der Vorderseite (vgl. Abb. 6), eine detaillierte Beschreibung der Inhalte jedoch auf der Hinterseite des Spielplans (Abb. 9). Auch in Texten des Typs „Stückzettel" befinden sich auf der Vorderseite neben dem Titel vor allem die Informationen zu einzelnen Terminen und zum Ort der Aufführung (vgl. Abb. 10); eine detaillierte Beschreibung des Inhalts sowie Informationen zum Team – samt den Schauspielern – sind jedoch auf der Rückseite zu finden (vgl. Abb. 11). Über den Ort (z. B.: *taT-studiobühne*), den Tag (z. B.: *18.11.2017*) und die Uhrzeit (z. B.: *20:00 Uhr*) der Aufführungen informiert außerdem die Textsorte „Eintrittskarte" (vgl. Abb. 12), wobei die informierende Funktion nicht die Primärfunktion von Eintrittskarten ist (siehe Punkt 9). Zudem befinden sich auf Eintrittskarten Informationen zu dem Sitzplatz (z. B.: *Freie Platzwahl* – vgl. Abb. 12) und dem Preis bzw. der Preiskategorie (z. B.: *EUR 13,00 Normalpreis* – vgl. Abb. 12).

Während die primäre Funktion von Eintrittskarten darin besteht, den Eintritt überhaupt erst einmal zu ermöglichen und Berechtigungen und Ansprüche zu organisieren („mein Sitzplatz in einer bestimmten Vorstellung"), so sind für diese Funktion doch eine Reihe von Informationen wesentlich, die für die Umsetzung nötig sind.

Darüber hinaus enthalten Informationen zum Datum und Ort der Premiere, aber auch zum Inhalt/Thema des Stücks sowie zu Terminen der Wiederaufnahmen die Textsorten „Vorankündigung", „Newsletter" und – mit Ausnahme der Termine der Wiederaufnahmen – auch die Textsorte „Programmheft". So kann man in der folgenden in der *Gießener Allgemeinen* erschienenen Vorankündigung der Aufführung *Triptychon des Ankommens* alle oben genannten Informationen finden:

> Drei Kurzdramen an drei Standorten. Gießen (pm). Die Schauspielpremiere „Triptychon des Ankommens" am morgigen Donnerstag um 20 Uhr auf der taT-Studiobühne steht ganz im Zeichen des Spielzeitmottos „Theater trifft Stadt – Stadt trifft Theater": An gleich drei Spielorten erwartet die Besucher ein intensiver Theaterabend zu hochaktuellen Fragen und Befindlichkeiten rund um Integration und Identität. Marusja kam vor Jahrzehnten ins Land. Sie tat alles für eine erfolgreiche Integration. Deutsch spricht sie besser als manche Deutschen. Heute putzt sie in einem Flüchtlingswohnheim. Was denkt sie über die Neuankömmlinge? [...] „Triptychon des Ankommens": Hinter diesem Titel verbirgt sich ein dreiteiliger Theaterabend mit Texten der Schriftstellerinnen Nino Haratischwili (Georgien), Sofi Oksanen (Finnland) und Terézia Mora (Ungarn). Die drei Kurzdramen, die Kirsten Uttendorf inszeniert, behandeln Schicksale und Biografien europäischer Frauen unterschiedlicher Generationen, die sich mit der heutigen Lage Europas aus weiblicher Perspektive auseinandersetzen. Ganz im Sinne der behandelten Themen wie Migration, Flucht, Heimat und Ankommen ist die Produktion ein mobiler Theaterabend, der seine Zuschauer auffordert, die Räumlichkeiten zu wechseln und sich mit allen drei Texten zu konfrontieren, die von nur zwei Schauspielerinnen gespielt werden – und zwar im Atrium des Rathauses, der taT-Studiobühne und einem Saal der THM. Weitere Vorstellungen: 10. und 24. September; 5. und 21. Oktober, jeweils 20 Uhr. (*Gießener Allgemeine*, 30. August 2017, vgl. auch Abb. 13)

Über ähnliche Aspekte der Aufführung *Triptychon des Ankommens* sowie der Premiere *Hoppla, wir leben* kann man sich zudem auch im zweiten. Newsletter des Stadttheaters Gießen vom 31. August 2017 informieren (vgl. Abb. 14).

Neben diesen Informationen zu thematischen Aspekten wie Zeit, Ort und Inhalt/Thema der Aufführung enthalten Programmhefte – im Unterschied zu den meisten bisher erwähnten Textsorten (Spielplan, Stückzettel, Vorstück und Newsletter) – auch umfassende Informationen zur Zuordnung von Schauspieler und Rolle (z. B. *Karl Thomas: Lukas Goldbach, Pickel/Klavierspieler: Christian*

Fries, Eva Berg: Anne-Elise Minetti) sowie zu den anderen an der Aufführung beteiligten Personen (z. B.: *Inszenierung und Bühne: Thomas Krupa, Kostüme: Thomas Döll, Licht: Jan Bregenzer* usw.; vgl. Abb. 15c).[20] Außerdem sind die Informationen zum Inhalt/Thema des aufgeführten Stücks in Programmheften im Vergleich zu den anderen oben genannten kommunikativen Angeboten viel ausführlicher (vgl. auch die unter 7 angeführte Funktion der Auseinandersetzung mit dem Inhalt/Thema des Theaterstücks).

Die Teilfunktion, über den Inhalt, Ort und Termin der Aufführungen sowie über das Team zu informieren ist also vielen Kommunikationsangeboten in der Außenkommunikation von Theatern gemeinsam. Nicht selten befinden sich solche Informationen beispielsweise auch in Theaterkritiken – hierbei handelt es sich laut Gloning (2008, 63) um die sog. Funktion der Lokalberichterstattung. So steht beispielsweise in der am 1. September 2017 erschienenen Kritik der Theateraufführung *Triptychon des Ankommens* die Funktion des Informierens über den Inhalt bzw. des Beschreibens der Aufführung im Vordergrund:

> Im Atrium des Gießener Rathauses erlebten 100 Besucher zunächst das Kurzdrama „Die Barbaren – Monolog für eine Ausländerin" der Georgierin Nino Haratischwili. Zur Spielzeiteröffnung waren am Donnerstagabend drei Kurzdramen unter dem Titel „Triptychon des Ankommens" an drei verschiedenen Orten zu sehen. In den drei Stücken werden drei unterschiedliche Phänomene, die im Deutschen unter dem Wort „ankommen" zusammengefasst werden können, in eindringlicher Form dargestellt und interpretiert. Regie führte Kirsten Uttendorf [...] (*Gießener Anzeiger*, 1. September 2017, vgl. auch Abb. 16)

Die bewertende Funktion ist in dieser Kritik also der informierenden Funktion untergeordnet.

Darüber hinaus erfüllen die Funktion, über die an der Aufführung beteiligten Personen und den Termin der Premiere zu informieren, auch manche Werbetexte. Dies ist z. B. beim Werbeplakat des Schauspiels Leipzig für die Theateraufführung *Kasimir und Karoline* der Fall (vgl. Abb. 17). Dabei steht die Funktion des Informierens normalerweise im Dienste der primären werbenden Funktion. Eine ähnliche Funktion des Informierens haben zudem Facebook-Profilseiten der Theaterinstitutionen. So wird man beispielsweise durch verschiedene (oft durch mehrere Modalitäten aufbereitete) Posts und Ankündigungen auf der Facebook-Wand des Stadttheaters Gießen fast täglich über die Neuigkeiten und Veranstaltungen im Stadttheater informiert, z. B.:

---

[20]   Manche dieser Informationen sind, wie bereits erwähnt, auch in Spielzeitheften zu finden, jedoch nicht alle.

Morgen Abend findet nach der Vorstellung von TRIPTYCHON DES ANKOMMENS ein Publikumsgespräch mit Regisseurin Kirsten Uttendorf, Dramaturgin Monika Kosik und den Schauspielerinnen Kyra Lippler und Ewa Rataj statt. Ganz im Sinne des Spielzeitmottos THEATER TRIFFT STADT laden wir Euch mit dieser Inszenierung in verschiedene Räumlichkeiten ein. Los geht es im Atrium des Rathauses, von da in die taT-studiobühne und schließlich in den Keller des Verwaltungsgebäudes der THM. (vgl. Abb. 18)

Eine weitere informative Teilfunktion der Kommunikationsangebote im Umfeld von Theaterinstitutionen, vor allem der Spielzeithefte und der Websites, aber auch der Newsletter, ist es, über Projekte (vgl. Abb. 19) sowie über die Wiederaufnahmen (Abb. 20) zu informieren. Letztere enthalten neben den Informationen zum Termin und/oder Ort der Aufführung sowie zum Team auch kurze Ausschnitte aus Theaterkritiken. Die ausgewählten Texte sind in der Regel positiv (es handelt sich also um eine positive Bewertung der Theateraufführung), denn sie erfüllen als Teil der Spielzeithefte vor allem die Funktion, das Interesse der Rezipierenden für eine bestimmte Theateraufführung zu wecken (vgl. dazu Abb. 20 sowie die unter 7 angeführte Funktion des Bewertens).

Neben dem Informieren über die Inhalte der Aufführungen im Musik-, Tanz- und Kinder- und Jugendtheater sowie der Konzerte erfüllen die Kommunikationsformen „Spielzeitheft" und „Website" des Stadttheaters Gießen auch die Teilfunktionen, über die Möglichkeiten des aktiven Mitmachens (vgl. z. B. Abb. 21), über die Verbindung zwischen Theater und Schule (vgl. Abb. 22 und 23) sowie über die Mitgliedschaft im *Verein der Freunde des Theaters* (vgl. Abb. 24 und 25) zu informieren. Eine weitere Teilfunktion dieser beiden Kommunikationsformen ist es, über die *Personalia* zu informieren. Während im Spielzeitheft über die im Theater tätigen Personen informiert wird, indem diese mit Name und Funktion angegeben werden (vgl. Abb. 26 und 27), befinden sich auf der Website des Stadttheaters Gießen auch ausführlichere Informationen zu den einzelnen Personen. Hierbei kann man von der Textsorte „Personenporträt" („Schauspielerporträt", „Dramaturgenporträt" usw.) sprechen. Mit Texten dieses Typs wird über die einzelnen im Theater tätigen Personen (Schauspieler, Dramaturgen etc.), ihre biographische Aspekte und berufliche Laufbahn informiert, sie sind im Stadttheater Gießen also in die Kommunikationsform „Website" eingebettet (vgl. auch die unter 2 angegebene Vorstellungsfunktion der Theater-Textsorten bzw. Abb. 41).

Darüber hinaus erfüllen einige kommunikative Angebote des Stadttheaters Gießen weitere Teilfunktionen zu noch anderen thematischen Aspekten. So informieren Spielzeithefte und Websites in der Rubrik *Extras* bzw. *Extras und Gastspiele* über zusätzliche Angebote des Theaters wie etwa über den Tag der offenen Tür, den Poetry Slam usw. (vgl. Abb. 28 und 29). Auf der Website und im Spielplan des jeweiligen Monats kann man sich zudem über die Gastspiele informieren (vgl. Abb. 29, Abb. 30). In der Rubrik *Ihr Weg zu uns* des Schauspielheftes bzw. *Spielorte* der Website wird über die Anschriften verschiedener zum Stadttheater gehörender Gebäude/Bühnen, über die Ankunftsmöglichkeiten, Parkmöglichkeiten usw. informiert (vgl. Abb. 31 und 32). Des Weiteren informieren das Spielzeitheft und die Website des Stadttheaters Gießen über den im Theater angebotenen Service (vgl. Abb. 33 und 34), über die Eintrittskarten (vgl. Abb. 35 und 36), den Sitzplan und die Preise (vgl. Abb. 37).

Einzelne Textsorten bzw. kommunikative Angebote der Theaterinstitutionen erfüllen außerdem weitere Teilfunktionen des Informierens. So informieren Abo-Hefte über die Abonnements im Theater. Während das Abo-Heft des Stadttheaters Gießen beispielsweise in das Spielzeitheft integriert ist (vgl. Abb. 38a und 38b), erstellen einige andere Schauspielhäuser zu Abonnements eigene Publikationen (vgl. dazu z. B. das Abo-Heft des Schauspiels Leipzig – Abb. 39).

2) Die Vorstellungsfunktion

Eine zweite grundlegende Funktion einiger kommunikativer Angebote in der Außenkommunikation von Theatern ist es, die Theaterinstitution und ihre Mitarbeiter (Schauspieler, Dramaturgen usw.) vorzustellen. Diese Funktion erfüllen vor allem die Kommunikationsformen „Website" (vgl. z. B. die Kategorie *Das sind wir* in der Navigationsleiste – Abb. 1) und „Schauspielheft" sowie die Textsorte „Personenporträt", die im Stadttheater Gießen, wie bereits erwähnt, in die Website integriert ist. So stellt das folgende Schauspielerporträt die ab der Spielzeit 2017/18 im Gießener Ensemble neue Schauspielerin Ewa Rataj vor:

> Ewa Rataj wurde in Polen geboren und ist im Ruhrgebiet aufgewachsen. Sie absolvierte ihr Schauspielstudium in Berlin und arbeitete während des Studiums bereits an den Sophiensälen Berlin, Kampnagel und dem Berliner Ensemble. 2008 trat sie ihr erstes Festengagement am Theater Rudolstadt an und arbeitete u.a. mit den Regisseuren Herbert Olschok, Carlos Manuel und Martin Pfaff. Für ihre Rolle der ANTIGONE (Regie: Sven Miller) wurde sie von der Zeitschrift "Theater Heute" zur besten Nachwuchskünstlerin der Spielzeit 2009/10 nominiert. 2011 wechselte sie an das Landestheater Detmold; in der Spielzeit 2011/12 wurde sie dort zu der besten Schauspielerin gekürt. 2015 besuchte sie das Seminar makemematter an der Universität der Künste Berlin und schloss 2016 eine Zusatzausbildung in "Mikrofon- und Synchronsprechen" an der Akademie für professionelles Sprechen in Berlin ab. 2016 gastierte sie in Detmold, Salzburg und Berlin als freischaffende Schauspielerin und war in der Uraufführung AUSTRALISCHER FROST von Clemens Mädge

(Regie: Kathrin Mayr) am Monsun Theater Hamburg zu sehen, welches zu den Hei-delberger Theatertagen im November 2017 eingeladen ist. Ab der Spielzeit 2017/18 ist Ewa Rataj am Stadttheater Gießen engagiert. (vgl. Abb. 40)

Dabei kann man das Vorstellen von Personen usw. als eine spezifische und promi-nente Ausprägung des Informierens ansehen, die man aufgrund ihrer Bedeutung als eigenen Funktionsbereich hervorheben kann. Die enge Verwandtschaft mit den übrigen Formen des Informierens bleibt davon unberührt.

3) Die Kontaktfunktion und Formen der Interaktivität

Des Weiteren ist eine der zentralsten Funktionen der Kommunikationsangebote in der Außenkommunikation von Theatern, die (potenziellen) Theaterbesucher anzu-sprechen und mit ihnen in Kontakt zu treten. Diese Funktion erfüllen beispiels-weise die dritte und die vierte Seite des hier behandelten Spielzeitheftes des Stadt-theaters Gießen, auf denen die Oberbürgermeisterin der Stadt Gießen und die In-tendantin des Stadttheaters das Publikum ansprechen (*Liebe Freundinnen und Freunde des Stadttheaters...* – vgl. Abb. 41a und 41b). Zu dieser Gruppe gehört jedoch nicht nur die Funktion der Kontaktaufnahme mit den Theaterbesuchern, sondern auch die sog. Interaktionsfunktion, die laut Androutsopoulos (2010, 429) besonders typisch für den Sprachgebrauch im Web 2.0 ist. Dabei geht es darum, dass die Internetnutzer an den ihnen im Internet zur Verfügung gestellten Inhalten mitbeteiligt sein können. Diese Funktion erfüllen in der Außenkommunikation von Theatern vor allem die sozialen Netzwerke wie etwa Facebook- oder Twitter-Seiten der Theaterinstitutionen, auf denen die Internetnutzer z. B. verschiedene Posts beantworten, sie kommentieren, liken und teilen können. Dabei handelt es sich um die Eigenschaft der Dialogizität der Texte im Internet (vgl. Marx/Weidacher 2014, 193) bzw. um das zentrale Kennzeichen des Web 2.0 – die Partizipation (vgl. Androutsopoulos 2010, 421) und die darauf bezogenen Interaktionspotenziale.[21] So wurde der Post zur Wiederaufnahme des Musicals *Der König von Deutschland* auf der Facebook-Seite des Stadttheaters Gießen in der Abb. 42 beispielsweise 29 mal gelikt, sieben mal geteilt und einmal kommentiert.

4) Die Ankündigungsfunktion

Eine weitere wichtige Funktion bestimmter kommunikativer Angebote im Um-kreis der Institution Theater ist es, Theateraufführungen und andere im Theater stattfindende Veranstaltungen anzukündigen. Dabei kann es sich um längere (Vor-

---

[21]   Siehe dazu auch Kapitel 3.4.

)Ankündigungen handeln, die den Leser zugleich auch über den Inhalt der Aufführung informieren (vgl. Abb. 13), oder um kürzere Ankündigungen – z. B. in Form von Posts auf sozialen Netzwerken der Theaterinstitutionen (vgl. Abb. 18). Die Ankündigungsfunktion erfüllen zudem auch bestimmte Beiträge in Angeboten des Typs „Newsletter".

5) Die Werbefunktion

Mit der Ankündigungsfunktion eng verzahnt ist die Funktion des Werbens, die ebenfalls zu den wichtigsten Funktionen der kommunikativen Angebote im Umfeld der Institution Theater gehört. Vorankündigungen, Newsletter und Facebook-Profilseiten erfüllen zugleich auch eine Werbefunktion, denn die Schauspielhäuser versuchen durch diese kommunikativen Angebote das Publikum auf bestimmte Aufführungen bzw. Veranstaltungen (und somit auf das Schauspielhaus) aufmerksam zu machen und gleichzeitig für sie/es zu werben. Somit besteht ein funktionaler Zusammenhang zwischen Vorankündigungen in unterschiedlichen medialen Umgebungen einerseits und Werbetexten andererseits. Auch Theaterinstitutionen versuchen nämlich das Interesse der Rezipienten für Theateraufführungen zu wecken und sie in ihrer Entscheidung für den Besuch der Aufführungen zu beeinflussen, was die Primärfunktion von Werbetexten ist. Als Beispiel für die Werbefunktion kann neben der schon erwähnten Werbung des Schauspiels Leipzig (Abb. 17) auch das in der Abb. 43 zu sehende Werbeplakat des Stadttheaters Gießen angegeben werden.

6) Dienstleistungen anbieten und Handlungsmöglichkeiten eröffnen

Eine weitere zentrale Funktion mancher Kommunikationsangebote im Umfeld von Theaterinstitutionen ist es, Dienstleistungen anzubieten und Nutzerhandlungen zu eröffnen. Durch diese Funktion sind vor allem die Kommunikationsformen „Website", „Facebook-Profilseite", „Spielzeitheft" und „Abo-Heft" miteinander verbunden. Zu dieser Funktion gehört beispielsweise der Kartenverkauf, der auf Websites durch das Anklicken auf einzelne Theateraufführungen und dann auf *Termine/Karten* (vgl. Abb. 44) bzw. auf die in der Navigationsleiste vorhandene Rubrik *Ticketshop* (vgl. Abb. 45a) erfolgt (vgl. Abb. 45b). Auf sozialen Netzwerken wird der Kartenverkauf normalerweise durch die Angabe eines Links angeregt, den die Nutzer anklicken können, wie etwa in: *Mehr Infos und Tickets hier: http://www.stadttheater-giessen.de/.../konstellati.../1680.html...* (vgl. Abb. 46), wobei man durch das Anklicken des angegebenen Links zum Ticketshop auf der Homepage des Theaters gelangt. Während Spielzeithefte verschiedene Dienstleistungen beispielsweise in der Rubrik *Service* anbieten (vgl. Abb. 33), regen Abo-Hefte – nicht selten auch durch auszufüllende Formulare (vgl. Abb. 47) – zum Kauf unterschiedlicher Abonnements an.

7) Die Funktion der ausführlichen Auseinandersetzung mit dem Stück

Eine Funktion, die im Textsortenrepertoire der Außenkommunikation von Theatern vor allem Programmhefte erfüllen, ist es, sich mit dem Theaterstück und seinen verschiedenen Aspekten auseinanderzusetzen. So kann man sich beispielsweise anhand des Programmheftes des Stadttheaters Gießen für die Aufführung *Hoppla, wir leben* in das Theaterstück vertiefen, denn das Programmheft setzt mit dem Inhalt des Stücks, den Themen, Motiven und Techniken sowie mit der gesellschaftlichen Situation der Zeit und dem Autor des Stückes (Ernst Toller) auseinander (vgl. Abb. 15a, Abb. 15d bis Abb. 15f). Diese Funktion erfüllen überwiegend Programmhefte und manchmal Theaterkritiken.

8) Die Bewertungsfunktion

Eine weitere grundlegende Funktion der kommunikativen Angebote im Umfeld von Theaterinstitutionen ist die des Beurteilens/Bewertens. Auch diese Funktion kann mit verschiedenen thematischen Aspekten kombiniert werden, wodurch sich Textbausteine mit Teilfunktionen ergeben, wie etwa „das Regiekonzept bewerten", „die schauspielerische Leistung bewerten", „das Bühnenbild bewerten" usw. (vgl. Gloning 2008, 65f.). So werden beispielsweise in einer in der *Gießener Allgemeinen* erschienenen Kritik zur Theateraufführung *Hoppla, wir leben* die Länge der Aufführung und das Regiekonzept negativ bewertet:

> Doch am Ende können die schönen Lichtmalereien und die musikalischen Einlagen nicht darüber hinwegtäuschen, dass Ernst Tollers Stück im Grunde schneller erzählt sein müsste. Die zweieinhalbstündige Inszenierung hat ihre Längen. Bzw.: Elektronische Musik trifft nun unvermittelt auf Lieder im Stil von Hanns Eisler, Videokunst auf historische Filmaufnahmen, linksrevolutionäre Parolen der Weimarer Zeit auf leicht zu überhörende Anspielungen auf aktuellen Zoff mit der Türkei – eine wirkliche Aktualisierung des rund 90 Jahre alten Stückes ist das nicht. Die wilde Melange ist für den ein oder anderen Zuschauer offenbar zu viel auf einmal und eine Handvoll verlässt schon bald den Saal. (*Gießener Allgemeine*, 3. September 2017, vgl. auch Abb. 48)

Das Bühnenbild wird hingegen positiv bewertet:

> Videokünstler Stefano DiBuduo erschafft für Krupas „Tollhaus" zumindest im Teil vor der Pause sehr ästhetische Räume aus Licht. (*Gießener Allgemeine*, 3. September 2017, vgl. auch Abb. 48)

Oder:

Die ästhetischen Lichtmalereien von Stefano DiBuduo sind es aber allemal wert, sich das Stück anzusehen. (Vgl. ebd.)

Ähnlich wie viele andere bereits erwähnte Funktionen ist auch die Funktion des Bewertens mehreren kommunikativen Angeboten in der Außenkommunikation von Theatern gemeinsam. So enthalten die Spielzeithefte und Spielpläne des Stadt-theaters Gießen bei den Inhaltsangaben der Wiederaufnahmen, wie bereits er-wähnt, Ausschnitte aus Theaterkritiken, wobei es sich hier nur um positiv bewer-tete Aspekte der Aufführungen handelt, denn man versucht durch diese Aus-schnitte die potenziellen Zuschauer für die Aufführung zu begeistern, z. B.:

> „Abdul-M. Kunzes Fassung des enorm erfolgreichen Jungendromans hat Pfiff, lebt von der Empathie der quicken Schauspieler und ihrem rasanten Spiel. Die beiden verkörpern äußerst glaubhaft Leiden, Lust und Leere von Teenagern, die trotz sozi-aler Gegensätze zueinander finden und sich in abenteuerlichen Fahrten im geklau-ten PKW durch ihr Leben schaukeln." *Wetzlarer Neue Zeitung* (vgl. Abb. 20)

Eine weitere funktionale Überschneidung besteht mit der Kommunikationsform „Facebook-Profilseite" – auch auf sozialen Netzwerken der Theaterinstitutionen können nämlich Bewertungen der Schauspielhäuser, ihrer Aufführungen und an-derer Veranstaltungen geschrieben werden. Der Unterschied zu den Theaterkriti-ken besteht (neben der Länge) jedoch darin, dass solche Bewertungen auf sozialen Netzwerken überwiegend von „Laien" geschrieben werden. So wird beispielsweise in einer Bewertung auf der Facebook-Profilseite des Stadttheaters Gießen von einer Zuschauerin ein großes Lob sowohl an das Theater als auch über die Theateraufführung ausgesprochen:

> Super! ☺ Wundervolles Schauspiel und wundervolles Stück! <3 Und sehr gute Dar-stellung. Ich liebe euch <3 (vgl. Abb. 49)

Dabei wird die positive Bewertung im sprachlichen Teil durch nicht-sprachliche Elemente/Emoticons wie etwa Smileys und Herzchen unterstützt.

9) Den Eintritt ermöglichen und organisieren

Schließlich ist eine grundlegende Funktion der Textangebote in der Außenkom-munikation von Theatern, den Eintritt zu Theateraufführungen zu ermöglichen und zu organisieren. Diese Funktion erfüllen Eintrittskarten (vgl. Abb. 12), die sich in dieser Hinsicht mit keiner anderen bisher erwähnten Textsorte bzw. Kommunika-tionsform funktional überschneiden. Es besteht jedoch, wie bereits erwähnt, ein funktionaler Zusammenhang zwischen den Eintrittskarten und einigen anderen kommunikativen Angeboten der Theaterinstitutionen (wie etwa Vorankündigun-gen, Stückzetteln, manchen Werbetexten usw.), und zwar insofern, als all diese kommunikativen Angebote über den Ort, Tag und die Uhrzeit der Aufführung informieren.

Im Dienste der oben behandelten grundlegenden Funktionen der kommunikativen Angebote im Umkreis von Theaterinstitutionen stehen darüber hinaus weitere Funktionen, die diesen primären Funktionen untergeordnet sind:

10) Funktionen des Beschreibens und Veranschaulichens

Die Funktionen des Beschreibens und Veranschaulichens stehen im Interaktionsrahmen „Theater" normalerweise im Dienste der übergeordneten informierenden oder bewertenden Funktion. So wird beispielsweise in der Kritik der Theateraufführung *Like Heimat I like* über den Beginn der Aufführung informiert, indem dieser folgendermaßen beschrieben wird:

> Eine große weiße Box wird hereingeschoben, auf der ein altes Radio steht. Der Mann, der sie schiebt, muss sich anstrengen. Er schiebt die Box um das Publikum herum, das im Stuhlkreis um die Bühne sitzt. Im Hintergrund sitzt die Band hinter einer Leinwand, auf der ein weites Feld mit wehenden Gräsern zu sehen ist […] (*Gießener Anzeiger*, 17. Juni 2017, vgl. auch Abb. 50)

Durch die Funktionen des Beschreibens und Veranschaulichens sind somit vor allem kommunikative Angebote wie etwa Spielzeithefte, Websites, Spielpläne, Abo-Hefte, Programmhefte, Vorankündigungen, Stückzettel und Kritiken miteinander verbunden.

11) Die Unterhaltungsfunktion

Eine weitere sekundäre Funktion der kommunikativen Angebote in der Außenkommunikation von Theatern ist die Unterhaltungsfunktion. Diese Funktion können sowohl werbende als auch informierende und bewertende Textsorten/Kommunikationsformen erfüllen – sie kann also z. B. mit Vorankündigungen, Facebook-Profilseiten, Newsletters, Werbetexten, aber auch mit Abo-Heften und Kritiken realisiert werden. Im Fall der letzteren ist bei Gloning (2008, 63) von der „Feuilleton-Lektüre als Genuss" die Rede. Texte und Kommunikationsangebote, die die Unterhaltungs-Funktion erfüllen, bedienen sich nicht selten verschiedener sprachlicher Verfahren der Kreativität und Originalität, die in der vorliegenden Studie im Kapitel 3.3.4 behandelt werden.

Wie aus der obigen Auseinandersetzung mit (Teil-)Funktionen der Texte und Kommunikationsangebote der Institution Theater hervorgeht, können einerseits verschiedene Textsorten/Kommunikationsformen dieselbe Funktion erfüllen (und sind dadurch funktional miteinander verbunden), andererseits können aber auch verschiedene Funktionen mit ein und derselben Textsorte/Kommunikationsform realisiert werden. Dabei lassen sich zwischen den einzelnen Handlungen nicht selten typische Abfolgen beschreiben wie etwa „eine Aufführung ankündigen und dann über ihren Inhalt informieren" (z. B. in Vorankündigungen) oder „über die Abonnements informieren und dann zum Kauf der Abonnements anregen" (in Abo-Heften) oder „die schauspielerische Leistung beschreiben und sie dann bewerten" (in Theaterkritiken) usw.

Schließlich lässt sich das Kapitel zu (Teil-)Funktionen der dem Textsortenrepertoire in der Außenkommunikation von Theatern gehörenden kommunikativen Angebote folgendermaßen zusammenfassen: Die Textsorten und die Kommunikationsformen „Website", „Spielzeitheft", „Programmheft", „Abo-Heft", „Spielplan" und „Stückzettel" erfüllen in erster Linie die Funktion des Informierens. Andere Funktionen (wie etwa die Funktion „das Publikum ansprechen" des Spielzeitheftes oder „Dienstleistungen anbieten" der Website) sind dieser primären Funktion untergeordnet. Dabei sind viele kommunikative Angebote durch ihre Teilfunktionen miteinander verbunden: Die Website, das Spielzeitheft, der Spielplan und der Stückzettel informieren beispielsweise die am Theater Interessierten unter anderem über die Termine und den Ort einzelner Aufführungen sowie über ihre Inhalte. Letztere Teilfunktion („über den Inhalt der Aufführung informieren") erfüllen zudem vor allem Programmhefte, aber auch Vorankündigungen und Newsletter. Die grundlegende Funktion der Textsorten „Vorankündigung" und „Newsletter" sowie der Kommunikationsform „Facebook-Profilseite" ist es, eine neue Theateraufführung anzukündigen bzw. über das Aktuelle im Schauspielhaus zu benachrichtigen sowie mit den am Theater Interessierten in Kontakt zu treten, wobei diese Funktionen mit der informierenden Funktion eng verzahnt sind. Diese drei Kommunikationsangebote unterscheiden sich von den oben erwähnten Textsorten, deren primäre Funktion die des Informierens ist, außerdem in ihrem Werbecharakter, denn die Schauspielhäuser versuchen durch Vorankündigungen, Newsletter und Facebook-Profilseiten das Publikum auf bestimmte Aufführungen bzw. Veranstaltungen aufmerksam zu machen und für sie zu werben. Die kommunikativen Angebote „Vorankündigung", „Newsletter" und „Facebook-Profilseite" sind also auch mit Werbetexten funktional verbunden. Während „das Interesse der Rezipienten für eine Theateraufführung wecken" und „sie in ihrer Entscheidung für den Besuch dieser Aufführung beeinflussen" die Primärfunktion der Werbetexte ist, erfüllen Werbetexte auch die Funktion, über die Theateraufführung zu informieren. Die informierende Funktion ist hier jedoch der Werbefunktion untergeordnet. Eine weitere Textsorte, die über ihre sekundäre Funktion des Informierens mit den anderen informierenden Textsorten funktional zusammenhängt, ist die Theaterkritik. In dieser sind die Funktion des Informierens über die Theateraufführung, aber auch Funktionen des Beschreibens, Veranschaulichens und Unterhaltens normalerweise im Dienste der primären Funktion des Beurteilens/Bewertens. Durch diese – grundlegende – Funktion des Bewertens sind Theaterkritiken jedoch mit den Bewertungen auf den sozialen Netzwerken (wie etwa Facebook-Profilseiten) der Theaterinstitutionen funktional verbunden. Eine weitere wichtige kommunikative Aufgabe beispielsweise der kommunikativen Angebote „Website" und „Spielzeitheft" ist es, das Schauspielhaus und seine Angebote sowie Mitarbeiter vorzustellen. Diese Funktion erfüllt auch die Textsorte „Schauspielerporträt", die im Fall des Stadttheaters Gießen in die Kommunikationsform „Website" integriert ist und die im Schauspiel aktiven Schauspieler präsentiert, indem sie über ihre Tätigkeit im Theater informiert. Es bestehen also viele funktionale Zusammenhänge zwischen den Textsorten und kommunikativen Angeboten des Textsortenrepertoires in der Außenkommunikation von Theatern.

3.3.2 (Teil-)Themen und thematische Zusammenhänge zwischen den einzelnen Texttypen

Im Hinblick auf die Themenstruktur und das Spektrum von Teilthemen kann gesagt werden, dass praktisch alle mit Theaterinstitutionen verbundenen Erscheinungen und Aspekte auch mögliche Gegenstände sind, die in Texten und kommunikativen Angeboten der Institution Theater thematisiert werden können. Allerdings folgt die Auswahl tatsächlich bestimmten Relevanzkriterien (die Temperatur im Kostümlager wird z. B. normalerweise nicht thematisiert). Während man generell sagen kann, dass Theateraufführungen ein Gegenstand sind, durch den alle kommunikativen Angebote in der Außenkommunikation von Theatern thematisch miteinander verbunden sind, werden in bestimmten Gruppen von Texten und kommunikativen Angeboten folgende (weitere) Gegenstände thematisiert:

a) Die Theaterinstitution selbst und ihre Geschichte sowie die Aufführungen in verschiedenen „Segmenten" (Musiktheater, Schauspiel, Tanztheater, Kinder- und Jugendtheater, Konzerte). Diese (Teil-)Themen sind vor allem den Kommunikationsformen „Spielzeitheft" und „Website" gemeinsam.

b) Weitere Angebote, Dienstleistungen und Besonderheiten der Theaterinstitution (*Extras und Gastspiele, Theater zum Mitmachen, Theater und Schule*, verschiedene zum Theater gehörende Bühnen/Gebäude, Parkmöglichkeiten, *Service*, Kartenverkauf, Abonnements, Sitzplan und Preise usw.). Durch diese Teilthemen stehen hauptsächlich Spielzeithefte, Websites und Abo-Hefte miteinander in Beziehung.

c) Angaben zum Vorverkauf der Karten bzw. zur Theaterkasse (Anschrift, Telefonnummer, Öffnungszeiten, Internetadresse) sowie zur Abendkasse können neben den obigen unter b) angeführten kommunikativen Angeboten auch Spielpläne (vgl. Abb. 30 unten rechts), Stückzettel (vgl. Abb. 11 unten) und manche Werbetexte (vgl. Abb. 17) thematisieren.

d) Die an der Aufführung/Inszenierung beteiligten Personen (Schauspieler, Regisseure, Intendanten, Dramaturgen, Zuständige für die Musik/Bühne/Kostüme usw.). Die *Personalia* werden vor allem in Spielzeitheften und in den auf Websites erschienenen Personenporträts (Schauspielerporträt, Dramaturgenporträt usw.), aber auch in Spielplänen, Vorankündigungen, Stückzetteln, Programmheften, Theaterkritiken und manchen Werbetexten thematisiert.

e) Der Spielplan/Kalender der Theateraufführungen. Durch dieses (Teil-)Thema werden vor allem Spielzeithefte, Websites und Spielpläne miteinander verbunden. Während das Spielzeitheft des Stadttheaters Gießen beispielsweise den Spielplan aller Premiere thematisiert (vgl. Abb. 3), sind unter der Rubrik *Kalender* in der Navigationsleiste der Website des Stadttheaters alle Aufführungen (Premieren und Wiederaufnahmen) zu finden, die in einem jedem Monat stattfinden (vgl. Abb. 5). In der Textsorte „Spielplan" wird jedoch der jeweilige Monatsplan thematisiert (vgl. Abb. 6).

f) Der Tag, die Uhrzeit und der Ort der Theateraufführung. Diese Teilthemen sind Websites, Spielzeitheften, Spielplänen, Vorankündigungen, Newsletters, manchen Werbetexten, Stückzetteln, Programmheften, Eintrittskarten und Theaterkritiken gemeinsam.

g) Der Inhalt der Theateraufführung. Durch diesen Gegenstand sind alle oben unter f) genannten kommunikativen Angebote außer Eintrittskarten und i.d.R. Werbetexten thematisch miteinander verbunden.

h) Das aufgeführte Stück und seine Aspekte (neben dem Inhalt gehören hinzu noch Themen, Motive, Techniken, Figuren, die Entstehungszeit oder die Zeit des Geschehens, der Autor, die literaturhistorische bzw. theatergeschichtliche Einordnung usw.). Aufgrund dieser Aspekte bestehen thematische Zusammenhänge zwischen manchen (ausführlicheren) Vorankündigungen, vor allem aber zwischen Programmheften und Theaterkritiken.

i) Weitere Aspekte der Aufführung bzw. Inszenierung (z. B. die schauspielerischen Leistungen, das Regiekonzept, das Bühnenbild, die Kostüme, die Reaktion des Publikums usw.). Diese Aspekte werden beispielsweise in manchen (ausführlicheren) Vorankündigungen, überwiegend aber in Theaterkritiken und Bewertungen auf sozialen Netzwerken thematisiert.

Die oben angeführten Themen werden in den einzelnen Textsorten und kommunikativen Angeboten der Ökologie „Theater" normalerweise nicht isoliert behandelt, vielmehr können zwischen einzelnen thematischen Elementen unterschiedliche Zusammenhänge bestehen. So kommen in Vorankündigungen, Theaterkritiken, Stückzetteln, Programmheften und Inhaltswiedergaben der Theaterstücke auf Websites sowie in Spielzeitheften und Spielplänen oft Einbettungszusammenhänge vor (z. B.: die Angabe zu einer Figur kann Teil der Inhaltsangabe sein: *Darja, eine junge Frau aus der Ukraine* – vgl. Abb. 11 und Abb. 13). Des Weiteren können fast in allen kommunikativen Angeboten mit viel Fließtext Fortführungszusammenhänge bestehen (wie z. B. der zwischen der Inhaltswiedergabe und den Angaben zu den an der Aufführung beteiligten Personen in Stückzetteln – vgl. Abb. 11). Weitere denkbare Zusammenhänge zwischen thematischen Aspekten sind Spezifizierungszusammenhänge (z. B. Thematisierung des Stadttheaters Gießen und dann speziell seiner Geschichte und Architektur) oder hierarchische Zusammenhänge – letztere kommen vor allem in kommunikativen Angeboten mit viel thematischer Entfaltung vor, wie etwa in Programmheften und Theaterkritiken. So können beispielsweise in Kritiken einem übergeordneten thematischen Gesichtspunkt, der oft bereits in der Überschrift zum Ausdruck kommt, mehrere thematische Aspekte untergeordnet werden – z. b. gibt es in der Theaterkritik der Vorstellung *Diebe* mit der Überschrift *Hintergründige Komik mit leisen Zwischentönen* verschiedene Textbausteine, in denen begründet wird, warum die Aufführung eine *herrliche komödiantische Nummer* ist:

> Wunderbar komödiantisch mit satirischem Einschlag spielen Kyra Lippler und Rainer Hustedt das Spießerpaar, das sich beobachtet fühlt. [...] Wie Anne-Elise Minetti hier als Gabi mit sehr viel Witz schildert, wie sie im nächtlichen Wald von ihrem Rainer (Thomas Wild) fast ermordet worden wäre, das ist ein herrliches komödiantisches Kabinettstückchen. [...] Sehr komisch ist auch Mirjam Sommer als schwangere Mira, die sich als freche Göre mit flottem Mundwerk durchs Leben berlinert [...] (*Gießener Anzeiger*, 24. April 2017, vgl. Abb. 56)

Diese Aspekte sind also der übergeordneten (bereits im Titel signalisierten) Thematik untergeordnet. Darüber hinaus weisen hierarchische thematische Zusammenhänge auch digitale Kommunikationsangebote der Institution Theater auf. Diese kommen auf Internetseiten auch optisch zum Ausdruck. So sind auf der Website des Stadttheaters Gießen dem übergeordneten thematischen Gesichtspunkt/der Rubrik *Kalender* verschiedene Monate untergeordnet, diesen wiederum verschiedene Tage, und diesen Veranstaltungen/Aufführungen, die an den Tagen stattfinden (vgl. Abb. 5). Wenn man einzelne Veranstaltungen anklickt, gelangt man zu weiteren Informationen wie *Stückinfo, Besetzung, Termine/Karten*, die thematisch dem übergeordneten Gesichtspunkt/der angeklickten Theateraufführung untergeordnet sind (vgl. Abb. 8). Solche hierarchischen, aber auch andere thematische Zusammenhänge werden in digitalen Kommunikationsangeboten der Ökologie Theater durch die Hypertextualität navigierbar gemacht.

3.3.3 Typische Äußerungsformen und Formulierungsmuster

Für die kommunikativen Aufgaben, die mit Texten und Kommunikationsangeboten der Institution Theater erledigt werden können, bestehen bestimmte mehr oder weniger standardisierte Vertextungsverfahren und Äußerungsformen. Zu solchen Vertextungsverfahren gehören unter anderem verschiedene Formen der syntaktischen Verdichtung und Präsentationsökonomie. Diese sind vor allem für die Textsorten „Spielplan" und „Eintrittskarte" typisch, aber auch für andere Kommunikationsangebote, in denen stichwortartige Informationsangaben vorkommen, wie etwa Stückzettel, Newsletter, Werbetext usw. In anderen Textsorten wie Theaterkritiken und Vorankündigungen kommen Mittel der Komprimierung jedoch nicht selten in Überschriften vor, z. B. in Form der Auslassung von Artikelwörtern. Dies ist beispielsweise in der Vorankündigung des Schauspiels *Like Heimat I like* der Fall – hier lautet die Überschrift *Stückentwicklung über Digitalisierung* (vgl. Abb. 51). Dabei wird dem Leser kurz und knapp mitgeteilt, worum es im Schauspiel geht, das Thema ist also trotz der Auslassung der Artikel gut erkennbar. Zu solchen Verfahren der Präsentationsökonomie gehört außerdem die reduzierte Syntax – so weisen Spielpläne, bei denen es hauptsächlich um Auflistungen von Theateraufführungen geht, bei der Angabe des Autors, des Regisseurs und der Schauspieler keine vollständigen Sätze auf (z. B.: *Kurzdramen europäischer Autorinnen*; *Leitung: Uttendorf, Döll*; *Mit: Lippler, Rataj* – vgl. Abb. 6), Ähnliches gilt für Stückzettel (vgl. Abb. 10) und Eintrittskarten (vgl. Abb. 12). Typisch für kurze Informationsangaben in diesen Kommunikationsangeboten sind also Ellipsen (in Beispielen wie *von Heinrich Böll* fehlt ein Partizip wie z. B. „verfasst", in *Eintritt frei* fehlt die finite Verbform „ist"), nominalisierte Konstruktionen (*Freie Platzwahl* – vgl. Abb. 12) sowie Angaben, die nur aus einem bzw. aus wenigen Wörtern bestehen (*Premiere, Vorstellungen, Inszenierung, Bühne und Kostüme, Abendkasse, Vorverkauf* usw. – vgl. Abb. 10, Abb. 11, Abb. 30). Solche Formen der syntaktischen Verdichtung und Präsentationsökonomie sind allerdings nicht nur für Textsorten wie Spielpläne und Eintrittskarten, sondern auch für ortsgebundene und digitale Kommunikationsangebote der Institution Theater typisch. Die Schrift in ortsgebundenen Kommunikationsangeboten wie etwa auf dem Schild *Bühneneingang* (vgl. Abb. 52) hat normalerweise nicht viel Platz und muss aus der Distanz sichtbar sein (Auer 2010, 288), daher bedienen sich ortsgebundene Kommunikationsangebote oft z. B. verbloser Konstruktionen oder sie bestehen nur aus einem Wort.[22] In digitalen Kommunikationsangeboten der Institution Theater hängt die Eigenschaft der syntaktischen Verdichtung und Präsentationsökonomie zum einen mit der Nicht-Linearität der digitalen Texte zusammen (die Rezipienten haben also „keine Zeit", ausführliche Texte zu lesen, deswegen müssen diese knapp formuliert werden) und zum anderen mit der Organisationsfunktion der Sprache im Internet – in dieser Funktion trägt Sprache zusammen mit anderen semiotischen Mitteln „dazu bei, die Bildschirmoberfläche als einen kohärenten virtuellen Raum zu konstituieren, der Nutzerhandlungen ermöglicht und vorstrukturiert. Die zentrale Leistung sprachlicher Einheiten ist hier ihre Doppelfunktion als Überschriften und Hyperlink-Indikatoren, mittels derer Nutzer-Aktivitäten ausgeführt werden" (Androutsopoulos 2010, 429). Zum Dritten kann man in manchen Texten in sozialen Netzwerken (wie etwa auf Twitter) nur eine begrenzte Zahl von Zeichen verwenden – die Tweets sind deshalb nicht selten durch eine reduzierte Syntax gekennzeichnet, was im folgenden Beleg gut zum Ausdruck kommt:

> Stadttheater Gießen @Stadttheater_GI · 28 Dec 2017: Und heute abend wieder auf der Gießener Bühne - die Altmeister der gepflegten Klangfläche: DIE SCHMACHTIGALLEN! [Video] (vgl. Abb. 53)

Ganz im Gegensatz zu Spielplänen, Eintrittskarten und digitalen Texten der Institution Theater, die durch Präsentationsökonomie ausgezeichnet werden, weist das Kommunikationsangebot „Programmheft" in seinen Teiltexten[23] komplexe Syntax, eine Variation im Ausdruck und eine große Vielfalt an fachsprachlicher Lexik aus dem Bereich der Literatur- bzw. Theaterwissenschaften auf. Auffallend ist zu-

---

22   Zu ortsgebundenen Kommunikationsangeboten im Umkreis von Theaterinstitutionen siehe Kapitel 3.5.
23   Zum Aufbau des Programmheftes siehe Kapitel 3.3.5.1.

dem das Eingehen auf konkrete Details des Theaterstücks. Diese für Programm-hefte typischen sprachlichen Eigenschaften kommen im folgenden Teiltext mit der Überschrift *Ein objektiviertes Bild der Wirklichkeit. Über die Vorzüge der Revue-technik* gut zum Ausdruck:

> Tollers Stück ist kein expressionistisches Stationen- oder Verkündigungsdrama. Gewiß zeigt es auch das Gegenüber von isoliertem Ich und fremd gewordener Welt, aber die ausschließliche Bezogenheit auf ein Einzelschicksal fehlt, die Welt wird nicht nur aus der Sicht des expressionistischen Ichs gezeigt. Auch entwickelt sich nicht wie im expressionistischen Stationenstück ein dramatischer Konflikt, der Zu-sammenstoß des revolutionären Einzelgängers mit der Wirklichkeit der Weimarer Republik wird vielmehr in einer Art Revuetechnik gezeigt, die es Toller ermöglicht, ein objektiveres Bild der Wirklichkeit zu zeichnen, als es im expressionistischen Drama der Fall ist. (Programmheft des Stadttheaters Gießen für die Aufführung *Hoppla, wir leben!*, vgl. Abb. 15f.)

Dabei setzt das Verstehen solcher Programmheft-Texte beim Rezipienten ein spe-zifisches Sprach- und Fachwissen voraus.

Eine weitere Eigenschaft, die für die Sprache mancher Textsorten und Kommu-nikationsangebote im Umkreis von Theatern charakteristisch ist, ist der berich-tende, narrative Stil. Dieser ist vor allem für Textsorten typisch, die Kurzbeschrei-bungen der Inhalte von Theaterstücken enthalten (Vorankündigung, Stückzettel, Spielzeitheft, Hinterseite des Spielplans usw.), z. B.:

> Marusja kam vor Jahrzehnten ins Land. Sie tat alles für eine erfolgreiche Integration [...] (vgl. Abb. 11 und Abb. 13)

Oder:

> Zehn Tage wartete Karl Thomas mit seinen Genossen auf den Tod. Dann kam die Begnadigung [...] (vgl. Abb. 7)

Solche Inhaltsbeschreibungen sind oft journalistischen Texten wie etwa Nachrich-ten oder Berichten ähnlich – sie enthalten kurze Sätze, sind leicht verständlich, kurz und bündig sowie objektiv. Sie haben zum Ziel, dass sich der Rezipient gut in das Geschehen des Theaterstücks hineinversetzen kann und sind sehr informativ.

Ferner weisen manche Kommunikationsangebote im Umfeld von Theaterinsti-tutionen einen anpreisenden Stil auf. Dieser ist vor allem für Angebote mit wer-bender Funktion wie etwa Werbetexte, Newsletter, (Vor-)Ankündigungen usw. ty-pisch, außerdem zeichnen sich dadurch nicht selten auch bewertende Anteile in Textsorten wie Theaterkritiken oder Bewertungen auf sozialen Netzwerken aus. Zu den sprachlichen Mitteln, die für den anpreisenden Stil charakteristisch sind,

gehören z. B. eine häufige Verwendung von Adjektiven, Superlativen und den sogenannten Hochwörtern – bei letzteren handelt es sich nach Janich (2013, 169) um
Ausdrücke, die ohne grammatische Struktur eines Komparativs oder Superlativs
das Bezeichnete (bei Substantiven) oder das näher Bestimmte (bei Adjektiven) auf-
werten (z. B. *genial, phantastisch, wunderbar* usw.). So erwartet die Zuschauer bei
der Vorstellung *Triptychon des Ankommens* laut der Vorankündigung *ein **intensi-
ver** Theaterabend zu **hochaktuellen** Fragen [...] rund um Integration und Identität*
(vgl. Abb. 13). Im Newsletter, in dem für *Hoppla, wir leben!* geworben wird, heißt
es:

> Dieses **fulminante** Gesellschaftspanorama erlangte in den 20er Jahren vor allem
> auch Berühmtheit durch die multimediale Umsetzung durch den **Theaterrevoluti-
> onär** Erwin Piscator in Berlin. (vgl. Abb. 14)

Ein weiteres Beispiel ist die auf Facebook des Stadttheaters Gießen veröffentlichte
Ankündigung der Vorstellung *Willkommen*, die neben dem sprachlichen Teil (Informationen zu den Autoren und dem nächsten Termin) ein Bild enthält, auf dem
sich ein Ausschnitt der Theaterkritik aus der *Gießener Allgemeinen* befindet. Dieser Ausschnitt weist ebenfalls einen anpreisenden Stil auf:

> „Willkommen macht unterschiedliche Meinungen anschaulich und gibt Denkan-
> stöße: mit **köstlichem** Humor und **herrlich bissigen** Pointen." *Gießener Allge-
> meine Zeitung* (vgl. Abb. 54)

Diese Ankündigung wurde von einer Zuschauerin kommentiert:

> Wir haben es gesehen... es war **super** ☺ (vgl. Abb. 54)

Weitere stilistische Mittel, die vor allem in Theaterkritiken und Texten mit einem
werbenden Charakter verwendet werden, sind verschiedene Sprachspiele und rhe-
torische Figuren. So wird im Titel der Kritik des Stücks *Triptychon des Ankommens* intendiert mit Gegensätzen gespielt:

> Migranten-Putzfrau hasst Flüchtlinge (*Gießener Allgemeine*, 2. September 2017;
> vgl. auch Abb. 55)

Und im Abo-Heft wird mit der Homoiophonie (ähnlicher Klang) und dem Appell
an die Leser in Form einer Frage für die angebotenen Abonnements geworben:

> Stadttheater Gießen genießen. Haben Sie das Abo-Gen? (vgl. Abb. 38a)[24]

Durch die Nutzung solcher Sprachspiele und rhetorischen Figuren wird versucht,
die Aufmerksamkeit der Leser auf den Text zu lenken, sie zu unterhalten, zum

---

[24] Vgl. dazu auch das Kommunikationsprinzip der sprachlichen Kreativität und Originalität (Kapitel 3.3.4).

Lesen anzuregen und sie (vor allem in werbenden Texten) indirekt in ihrer Entscheidung für den Besuch einer Theatervorstellung bzw. den Abschluss eines Abonnements zu beeinflussen.

Während die Inhaltsbeschreibungen in Vorankündigungen, Stückzetteln und Spielzeitheften, wie schon erwähnt, möglichst objektiv sein sollen, gehören Theaterkritiken und Bewertungen auf sozialen Netzwerken zu den subjektiven Kommunikationsangeboten im Umkreis von Theaterinstitutionen. Hierbei ist es dem Produzenten also erlaubt, Tatsachen durch eigene Eindrücke zu ergänzen. So beschreibt der Autor in seiner Kritik des Schauspiels *Diebe* den Eindruck, den die Publikumsreaktion auf ihn machte, folgendermaßen:

> Willkommen im Wolfgang Hofmanns Inszenierung des Schauspiels „Diebe" von Dea Loher, die am Samstagabend bei der Premiere im voll besetzten Stadttheater mit herzlichem, lang anhaltendem Applaus aufgenommen wurde [...]. In Hofmanns Inszenierung, die den Nerv unserer Zeit sehr gut trifft, wird auch geschmunzelt und gelacht. Das Publikum fühlt sich gut unterhalten, weil dies wieder einmal ein lebensvoller Theaterabend ist, der voller Wahrheiten steckt und den Zuschauern mit entwaffnender Komik den Spiegel vorhält. (*Gießener Anzeiger*, 24. April 2017, vgl. Abb. 56)

Wie weiter oben bereits an mehreren Stellen gezeigt wurde, sind vor allem Bewertungen auf sozialen Netzwerken oft auch durch subjektiv bzw. emotional gefärbte Lexik gekennzeichnet (*Wir haben es gesehen... es war super* ☺ – vgl. Abb. 54; oder: *Super!* ☺ *Wundervolles Schauspiel und wundervolles Stück!* <3 *Und sehr gute Darstellung. Ich liebe euch* <3 – vgl. Abb. 49). Durch eine solche außerinstitutionelle, nichtprofessionelle Produktion öffentlich zugänglicher Texte (wie in Kommentaren auf Facebook- und Twitterseiten der Schauspielhäuser) kommen außerdem oft mündlichkeitsnahe Schreibstile und Nonstandardvarietäten vor. Zu informellen schriftlichen Kommunikationsstilen gehört beispielsweise auch der expressive Gebrauch von Orthografie und Interpunktion – dieser wird nicht selten durch nicht-sprachliche Elemente/Emoticons wie etwa Smileys und Herzchen begleitet.

Die Texttypen und Kommunikationsnagebote der Institution Theater weisen also jeweils gewisse sprachliche Spezifika auf, die mit den kommunikativen Aufgaben des jeweiligen Angebots und dem Medium, durch welches das Angebot vermittelt wird, zusammenhängen.

3.3.4 Typische Kommunikationsprinzipien und ihre Realisierung

Bei der Beschreibung der Ökologie von Textsorten und Kommunikationsangeboten im Umfeld von Theaterinstitutionen soll auch der Frage nachgegangen werden, welche Kommunikationsprinzipien in diesen Kommunikationsangeboten typischerweise befolgt werden und welche Realisierungsmöglichkeiten (sowohl auf der sprachlichen als auch auf der nicht-sprachlichen Ebene) es dafür gibt. Im Folgenden sollen die wichtigsten Kommunikationsprinzipien, die für Texttypen und Kommunikationsangebote der Institution Theater gültig sind, exemplarisch dargestellt werden.

Eins der Kommunikationsprinzipien, das für viele Texttypen und Kommunikationsangebote der Institution Theater wichtig ist, ist das Prinzip der Aktualität. Im Gegensatz zu beispielsweise Dauerausstellungen in Museen sind Schauspielhäuser „lebendige" Institutionen, die ihr Programm stets aktualisieren. Ältere Vorstellungen werden mit der Zeit seltener wiederaufgenommen, neue kommen hinzu. Während also Museen für eine Dauerausstellung auch über einen längeren Zeitraum hinweg denselben Katalog benutzen können, müssen manche Kommunikationsangebote der Institution Theater z. B. alle zwei Monate (Stückzettel), einmal im Monat (Spielpläne) oder sogar täglich (digitale Angebote wie der Online-Spielplan auf der Homepage des Theaters oder Facebook-/Twitter-Posts) aktualisiert werden. In diesen Kommunikationsangeboten werden normalerweise sprachliche Hinweise dazu gegeben, was der aktuelle Anlass für das jeweilige Angebot ist und somit auch dazu, was im Theater aktuell passiert. Zu solchen sprachlichen Signalen gehören vor allem die Zeitangaben, die den Leser auf das aktuelle Geschehen im Theater und somit auf die Aktualität der Thematisierungsgründe eines bestimmten Kommunikationsangebotes aufmerksam machen. So befindet sich auf der Umschlagseite des Spielzeitheftes des Stadttheaters Gießen die Angabe zum Jahr der Spielzeit: *2017_18* (vgl. Abb. 2). In Spielplänen des Gießener Theaters befindet sich unter dem Titel die Angabe zum aktuellen Monat – z. B. *Oktober 2017* (vgl. Abb. 6). Auf den Stückzetteln gehören zu solchen „rezeptionssteuernden sprachlichen Signalen" (vgl. Cheng/Gloning 2017, 63) die Angaben zum Termin der Premiere und zu Terminen weiterer Vorstellungen:

> Premiere: 31.08.2017 | 20.00 Uhr | taT-studiobühne, weitere Vorstellungen: 21.10.2017 | 20.00 Uhr [...] (vgl. Abb. 10)

Auf die Aktualität der Vorankündigungen und Theaterkritiken weisen oft Zeitangaben wie in den folgenden Beispielen hin:

Die Schauspielpremiere „Triptychon des Ankommens" **am morgigen Donnerstag um 20 Uhr** auf der taT-Studiobühne steht ganz im Zeichen des Spielzeitmottos „Theater trifft Stadt – Stadt trifft Theater" [...] (*Gießener Allgemeine*, 30. August 2017, vgl. auch Abb. 13)

Bzw.:

Willkommen im Wolfgang Hofmanns Inszenierung des Schauspiels „Diebe" von Dea Loher, die **am Samstagabend** bei der Premiere im voll besetzten Stadttheater mit herzlichem, lang anhaltendem Applaus aufgenommen wurde. (*Gießener Anzeiger*, 24. April 2017, vgl. Abb. 56)

Oder:

Zur Spielzeiteröffnung waren **am Donnerstagabend** drei Kurzdramen unter dem Titel „Triptychon des Ankommens" an drei verschiedenen Orten zu sehen. (*Gießener Anzeiger*, 1. September 2017, vgl. auch Abb. 16)

Dabei stellt der Leser aufgrund des Veröffentlichungszeitpunkts der Ankündigung bzw. der Kritik fest, um welchen Samstag/Donnerstag es sich handelt. Während in vielen Theaterkritiken also der konkrete Tag genannt wird, an dem die Vorstellung stattgefunden hat, kommen in manchen Kritiken indirektere sprachliche Aktualitätssignale vor, die unsere Rezeption steuern. Z. B.:

Was für ein Einstand! Mit drei Kurzdramen zur Lage Europas **ist** das Stadttheater **in die Spielzeit gestartet.** (*Gießener Allgemeine*, 2. September 2017, vgl. auch Abb. 55)

Weitere Kommunikationsangebote, die solche rezeptionssteuernde sprachliche Aktualitätssignale (normalerweise in Form des konkreten Termins der Vorstellung oder von Adverbien wie *heute Abend, Sonntag* usw.) enthalten, sind Newsletter und Ankündigungen in sozialen Netzwerken. Weil solche sprachlichen Signale also die Funktion der Leserlenkung erfüllen, können sie als wichtige Realisierungsmittel für das Kommunikationsprinzip der Aktualität betrachtet werden.

Als ein weiteres wesentliches Kommunikationsprinzip in Textsorten und multimodalen Angeboten der Institution Theater gilt das Prinzip der Präsentationsökonomie bzw. der Komprimierung. Dieses spielt in Textsorten der Ökologie „Theater" aus verschiedenen Gründen (Platzgründe, Hervorhebung bestimmter Inhalte, Nicht-Linearität, Organisationsfunktion usw.) eine wichtige Rolle. Es ist – wie bereits erwähnt – vor allem für Kommunikationsangebote wie Spielplan, Eintrittskarte, Stückzettel, Werbetext sowie für ortsgebundene und digitale Angebote der Institution Theater typisch. Zu den Formen und sprachlichen Mitteln, durch welche das Prinzip der Komprimierung üblicherweise realisiert wird, gehören z. B. reduzierte Syntax, Auslassungen, komplex angereicherte Nominalphrasen, Komposita und Angaben, die nur aus einem Wort oder wenigen Wörtern bestehen. Da die typischen Äußerungsformen, durch welche dieses Prinzip realisiert werden kann, bereits im Kapitel 3.3.3 besprochen wurden, soll hier auf weitere Beispiele verzichtet werden.

Ferner gilt als ein wichtiges Kommunikationsprinzip für die meisten Theater-Textsorten das Prinzip der Informativität. Während in manchen Kommunikationsangeboten bestimmte Informationen erwartbar sind (so z. B. die Angaben zu Terminen der Aufführungen in Spielplänen, die Information zum Sitzplatz auf einer Theaterkarte oder Angaben zu Inhalten der Stücke auf Stückzetteln), sind andere Angebote wie etwa Theaterkritiken wiederum freier in Bezug auf die Aspekte, die sie thematisieren können. Welche Aspekte in einer Theaterkritik thematisiert werden, hängt laut Gloning (2008, 76) „vom jeweiligen Gegenstand, der Sichtweise des Verfassers und auch von Relevanzentscheidungen des Verfassers ab". Theaterkritiken können somit verschiedene Grade der Informativität aufweisen. So weist die Theaterkritik des Stücks *Triptychon des Ankommens* (vgl. Abb. 16), wie bereits erwähnt, einen hohen Grad an Informativität auf. Sie enthält eine ausführliche Zusammenfassung, informiert u.a. über den Inhalt der Vorstellung, über das Thema des Stücks (Ankommen), über die Schauspielerinnen usw. Im Gegensatz zu diesem Text, enthalten manche Theaterkritiken jedoch kaum Mitteilungselemente. Gloning (2008, 76f.) gibt dafür das Beispiel einer Theaterkritik aus der „Bild"-Zeitung zu einer Shakespeare-Inszenierung in Hamburg an, in der die informativen Anteile „äußerst spärlich" sind, außerdem besteht der Text „im Wesentlichen aus Vorwürfen, Negativ-Bewertungen und sogar Beleidigungen" (Gloning 2008, 77). Das Prinzip der Informativität ist trotz vereinzelter Gegenbeispiele nach wie vor eine Kommunikationsmaxime, die in Theater-Texten eine wichtige Rolle spielt.

Schließlich ist eine für viele Textsorten und Kommunikationsangebote der Theaterinstitutionen gültige Kommunikationsmaxime die der Originalität und Unterhaltsamkeit. Sie gilt vor allem für Angebote mit werbendem Charakter (Werbetexte, Newsletter, Posts und Ankündigungen auf sozialen Netzwerken etc.) und Theaterkritiken. Wie im theoretischen Teil dieser Studie bereits erwähnt, können sich Verfasser bei der Textproduktion einerseits an der Darstellungstradition der betreffenden Textsorte orientieren, andererseits können sie aber auch neuartige strategische Vertextungsentscheidungen treffen bzw. innovative Darstellungselemente einsetzen (vgl. Cheng/Gloning 2017, 15). Insofern können solche von der Norm abweichende und aufmerksamkeitserregende Elemente eigentlich in fast allen kommunikativen Angeboten im Umkreis von Theaterinstitutionen eingesetzt werden. Als Beispiel soll hier die Textsorte „Abo-Heft" angegeben werden, zu der sich sowohl „traditionelle" als auch „innovative" Realisierungweisen belegen lassen. Das Abo-Heft des Schauspiels Leipzig erfüllt beispielsweise eine rein informative Funktion und ist sehr sachlich im Ausdruck:

> In diesem Heft informieren wir Sie über die Kartenpreise der verschiedenen Spielstätten und über die vielfältigen Abonnements sowie Vergünstigungen und Ermäßigungen […] (vgl. Abb. 39)

Im Gegensatz dazu erinnern die stilistischen Elemente im Abo-Heft des Stadttheaters Gießen an eine Werbeanzeige:

> Aus rund 50 Produktionen das richtige Programm auszusuchen, ist gar nicht so einfach. Abonnenten haben es leichter: Wir stellen für alle, die nicht die Qual der Wahl, dafür aber ihren sicheren Sitzplatz haben möchten, die Vorstellungen zusammen. Sich nie wieder um Karten kümmern, keine Aufführung verpassen und noch dazu 40% gegenüber einer Einzelkarte sparen – bei unserer großen Abo-Vielfalt ist für jeden Geschmack, jeden Terminkalender und jeden Geldbeutel etwas dabei! (vgl. Abb. 38a)

Während die Überschriften auf der ersten Seite des Umschlags *Stadttheater Gießen genießen* und *Haben Sie das Abo-Gen?* lauten (vgl. Abb. 38a), heißt es auf der Hinterseite:

> Abonnenten genießen Service pur (vgl. Abb. 38b)

In diesem Abo-Heft wird das Kommunikationsprinzip der Originalität und Unterhaltsamkeit also durch die alltagssprachliche Lexik (*gar nicht so einfach, für jeden Geldbeutel etwas dabei sein, Service pur*), häufige Verwendung von Adjektiven (*das richtige Programm, ihren sicheren Sitzplatz*), innovative Komposita (*Abo-Vielfalt, Abo-Gen*), Homoiophonie (*Gießen genießen*) und den Appell an die Leser in Form von Fragen (*Haben Sie das Abo-Gen?, Nach dem Sonntagsspaziergang ins Theater?*) realisiert. Dabei ist die Funktion solcher Sprachspiele und rhetorischer Figuren, die Leser auf eine unterhaltsame Art und Weise für die angebotenen Abonnements zu begeistern.

An dieser Stelle soll erwähnt werden, dass das Prinzip der Originalität und Unterhaltsamkeit nicht nur im Bereich der sprachlichen Äußerungen, sondern auch bei der Verwendung anderer Modalitäten (Bilder, Typographie usw.) und sogar im Bereich der Medialität und Lokalität zum Ausdruck kommen kann. Ein typisches Beispiel aus der Text-Bild-Forschung ist René Magrittes Bild einer Pfeife mit dem Text *Ceci n'est pas une pipe* (‚Dies ist keine Pfeife'). Dabei stehen der sprachliche Teil und das Bild in einer Relation der Kontradiktion und es handelt sich um eine bewusst eingesetzte Abweichung, die der Demonstration von Kreativität und Originalität dient und einen witzigen Effekt zum Ziel hat. Während im Fall der Kommunikations-Ökologie des Stadttheaters Gießen keine ähnlichen Beispiele für Originalität im Bereich der Bilder zu konstatieren sind, sind jedoch viele solche kreativen Lösungen im Bereich der räumlichen Anordnung auf der Sehfläche, Typographie und Farbe vorzufinden. So setzt sich beispielsweise die sprachspielerische Überschrift im oben besprochenen Abo-Heft des Stadttheaters Gießen aus zwei Teilen, einem senkrechten und einem waagerechten Teil zusammen. Dabei ist der senkrechte Teil (*Stadttheater Gießen*) in Hellblau und der waagerechte Teil (*genießen*) in Dunkelblau gesetzt, wodurch noch zusätzlich auf das Sprachspiel bzw. die Homoiophonie (den Gleichklang) hingewiesen wird (vgl. Abb. 38a). Ähnlich wird die Frage in der Überschrift *Haben Sie das Abo-Gen?* fettgedruckt und somit besonders hervorgehoben (vgl. Abb. 38a). Ferner sind auf der hinteren Seite des Umschlags im Titel *Abonnenten genießen Service pur* die Silben *Abo* und *Gen* durch die blaue Farbe vom Rest des Textes (rot) abgehoben – dadurch wird wieder auf das Kompositum Abo-Gen hingewiesen. Die Kommunikationsmaxime der Originalität kann also durch die Nutzung verschiedener Ressourcen in einem multimodalen Kommunikationsangebot realisiert werden.

Im Bereich der Medialität kann das Prinzip der Originalität z. B. zum Ausdruck kommen, indem ein gewisses Kommunikationsangebot durch einen Textträger oder ein Medienformat vermittelt wird, auf welchem wir dieses Angebot normalerweise nicht erwarten. Während Werbetexte im Theaterbereich in der Regel in Form von Werbeanzeigen auf Websites, Werbeplakaten auf Plakatwänden oder Werbeflyern (auf Flyern) vorhanden sind, wirbt das Schauspiel Leipzig für seine Theaterstücke unter anderem auch auf eine ganz innovative Art und Weise. So wird für viele Vorstellungen auf Postkarten geworben (vgl. Abb. 57a und b), und die Werbung für die Spielzeit 2014/15 mit dem Motto *Zeiten des Aufruhrs* befindet sich sogar auf einer Streichholzschachtel und erzielt somit einen witzigen bzw. überraschenden Effekt (vgl. Abb. 58). Das kommunikative Prinzip der Originalität und Unterhaltsamkeit ist somit auf die gesamte multimodale Konstellation von Kommunikationsangeboten (samt dem Medium, durch welches sie vermittelt bzw. dem Textträger/Ort, auf dem sie veröffentlicht werden) und nicht nur auf ihre Sprache zu beziehen.

3.3.5 Aspekte der Multimodalität

Die in der Außenkommunikation von Theatern zu erledigenden kommunikativen Aufgaben werden vielfach nicht nur durch die Modalität „Sprache" erfüllt, auch andere Modalitäten tragen dazu bei. In diesem Abschnitt soll die Aufmerksamkeit der Organisation multimodaler Kommunikationsangebote, den typischen formalen Bausteinen und ihrer räumlichen Anordnung auf der Sehfläche sowie den Ressourcen „Typographie", „Farbe", „Bild" und „Video" gewidmet werden. Dabei soll der Frage nachgegangen werden, wie und zu welchen Zwecken die einzelnen Ressourcen in den Kommunikationsangeboten des Gießener Stadttheaters verwendet werden, welche Ressourcen in welchen Angeboten genutzt werden und inwiefern die Nutzung gewisser Ressourcen (z. B. gewisser Farben, die in Kommunikationsangeboten einer Theaterinstitution typischerweise genutzt werden) zu einem einheitlichen Erscheinungsbild der Theaterinstitution beitragen können.

3.3.5.1 Form, typische formale Bausteine und ihre räumliche Anordnung auf der Sehfläche

Die informierende, werbende und bewertende Funktion sowie die Ankündigungsfunktion der Kommunikationsangebote von Theaterinstitutionen sind die wesentlichen Steuerungsgrößen für die Form dieser Angebote. So enthalten Werbeplakate für Theateraufführungen wenig Fließtext, denn die Rezipierenden haben beim Vorbeilaufen keine Zeit, viel Text zu lesen, außerdem wären Plakate mit viel Text nicht übersichtlich genug, um sie aus der Distanz bzw. beim schnellen Vorbeifahren zu lesen. Vielmehr soll hierbei durch große Werbeschlagzeilen die Aufmerksamkeit der Rezipienten erregt und ihr Interesse für eine bestimmte Theateraufführung geweckt werden (vgl. Abb. 17 und 43).

Während alle Kommunikationsangebote des Stadttheaters Gießen z. B. das Logo des Stadttheaters enthalten, das eine Wiedererkennungsfunktion erfüllt (vgl. z. B. Abb. 10 links oben oder Abb. 12), sind die thematisch-formalen Bausteine und ihre Platzierung auf der Sehfläche in verschiedenen Kommunikationsangeboten unterschiedlich.

So umfassen die herkömmlichen linearen Textsorten wie etwa die Theaterkritik typischerweise eine Überschrift (vgl. Abb. 16, a), eine Unterüberschrift (vgl. Abb. 16, b) und/oder einen Vorspann (das Lead), ein Bild (vgl. Abb. 16, c) mit der Bildunterschrift (vgl. Abb. 16, d) sowie den Fließtext (vgl. Abb. 16, e), der aus mehreren Absätzen besteht. Während die Überschrift vor allem die Aufmerksamkeit und die Neugier des Lesers wecken soll, ist es die Funktion der Unterüberschrift, z. B. einen Einblick in die Kritik zu geben, und die Funktion des Vorspanns ist es, die wichtigsten Informationen knapp zu vermitteln und den Leser so neugierig zu machen, dass er den darauf folgenden Fließtext liest. Ferner kann das Bild ganz unterschiedliche Funktionen erfüllen – z. B. eine Szene aus der Theateraufführung veranschaulichen, neue Informationen liefern usw. (vgl. Abschnitt 3.3.5.4 dieser Studie). Dabei werden die großen Bilder normalerweise in der oberen Hälfte der Zeitungsseite untergebracht (vgl. Abb. 16, 48, 50), in der unteren Hälfte der Seite befinden sich zuweilen kleinere Bilder (vgl. Abb. 48 unten). Die Bildunterschriften ergänzen dabei über die Informationen zum Bild hinaus nicht selten auch das im Fließtext Gesagte, indem sie z. B. die Schauspieler auf dem Bild benennen oder das Thema der Theateraufführung noch einmal kurz zusammenfassen (z. B.: *Rainer Hustedt stellt in seiner Rolle die Frage, ob die digitale Welt unsere neue Heimat ist und ob man ohne das Internet überhaupt noch Leben kann* – vgl. Abb. 50). Des Weiteren können Bildunterschriften das Abgebildete erklären und es in seinen Kontext bringen (z. B.: *Die unfruchtbare Mary (Kyra Lippler) redet sich den Kauf einer Eizellenspende aus der Ukraine schön* – vgl. Abb. 48), eine bereits eingeführte Information wiederholen (z. B.: *Neu in Ensemble: Ewa Rataj [...]* – vgl. Abb. 16), sodann eine schauspielerische Leistung bewerten (z. B.: *Neu in Ensemble: Ewa Rataj gibt als Putzfrau im Flüchtlingsheim einen gelungenen Einstand in Gießen* – vgl. Abb. 16) usw.

Eine weitere Textsorte, die ebenfalls „klassisch" gestaltet ist, ist die Vorankündigung. Auch diese besteht aus einer Aufmerksamkeit erregenden Überschrift und dem Fließtext mit mehreren Absätzen (vgl. Abb. 13).

In Stückzetteln des Stadttheaters Gießen folgt dem Titel der Aufführung zunächst die Information zum Typ der Aufführung (*Kurzdramen europäischer Autorinnen*) und zu den Autorinnen selbst (*Nino Haratischwili/Sofi Oksanen/Terézia Mora*; vgl. Abb. 12). Der Grund für eine solche räumliche Anordnung dieser Informationen liegt darin, dass diese thematisch eng mit dem Titel der Aufführung zusammenhängen. Obwohl sich die Angaben zur Premiere und zu weiteren Vorstellungen im unteren Teil der Seite befinden und man sie als Rezipient nicht unbedingt als erstes anschaut, kommt die Wichtigkeit dieser Angaben durch die typographische Hervorhebung (Fettdruck) zum Ausdruck (vgl. Abb. 12). Auf der Rückseite des Stückzettels wird die Angabe zum Datum und zur Uhrzeit der Premiere jedoch gleich nach dem Titel und den Informationen zum Typ des Stücks und zu den Autorinnen, also ganz oben platziert. Diese Position wurde wahrscheinlich nicht ohne Grund gewählt, sondern mit der Absicht, den Termin der Premiere relativ schnell bemerkbar und auffällig zu machen. Dies ist zum einen ein gutes Beispiel dafür, dass die Platzierung von Elementen auf der Sehfläche eine wichtige Rolle bei der Produktion und Rezeption spielen kann und ihr damit ein kommunikativer Wert zukommt, zum anderen aber auch dafür, dass die Platzierung solcher thematisch-formaler Bausteine (wie etwa der Angaben zur Premiere) in Texten und

Kommunikationsangeboten der Institution Theater von Fall zu Fall (bzw. auch innerhalb eines Kommunikationsangebotes) unterschiedlich gelöst werden kann. Eine weitere Textsorte, die über Überschriften, Unterüberschriften, Bilder und Fließtext mit Absätzen verfügt, ist das Programmheft. Dieses unterscheidet sich von den bisher erwähnten Kommunikationsangeboten jedoch grundsätzlich darin, dass es aus mehreren Texten und nicht nur aus einem Text (wie etwa die Theaterkritik oder die Vorankündigung) besteht. Das hier zu analysierende Programmheft des Stadttheaters Gießen für die Aufführung *Hoppla, wir leben!* enthält ganz am Anfang ein Bild, das eine Szene aus der Aufführung darstellt (vgl. Abb. 15b), diesem folgen dann zwei Seiten mit den Grundinformationen zur Aufführung (vgl. Abb. 15c). Dabei befindet sich der Titel des Stücks, wie üblich, ganz oben, und darunter die Angabe zum Autor. In der Mitte der beiden Seiten sind dann in zwei Spalten die Namen der Figuren aus dem Stück (z. B. *Assistenzarzt*) bzw. verschiedene MitarbeiterInnen der Aufführung wie etwa *Inszenierung und Bühne*, *Kostüme* usw. (links) sowie die Namen der Schauspieler und der an den einzelnen Bereichen beteiligten Personen (rechts) untergebracht. Diese Informationen (Zuordnung von Schauspieler und Rolle usw.) umfassen den größten Teil der beiden Seiten und spielen auf diesen Seiten eine zentrale Rolle, worauf auch ihre Positionierung hinweist. Damit die Informationen zu dem Termin, der Uhrzeit, dem Ort und der Dauer der Aufführung durch ihre Position im unteren Teil der Seite nicht unbemerkt bleiben, werden diese – ähnlich wie im Stückzettel – auch hier fettgedruckt und somit durch die Ressource „Typographie" besonders hervorgehoben.

Weitere Seiten des Programmheftes (vgl. Abb. 15d bis 15f) bestehen dann aus verschiedenen Teiltexten, die jeweils über eine Überschrift (z. B. *Auf der Suche nach verlorenen Idealen*), eine Unterüberschrift (z. B. *Notiz zum Stück*), mehrere Absätze und den Namen des Autors des Teiltextes (z. B. *Matthias Schubert*) verfügen. Diese Teiltexte enthalten auch Bilder, die sich oft über die ganze Seite erstrecken und verschiedene Szenen aus der Theateraufführung von *Hoppla, wir leben!* zeigen. Während die Positionierung der einzelnen Elemente auf der Seite nicht unbedingt in allen Programmheften immer identisch ist, könnte man aber behaupten, dass verschiedene Programmhefte (der verschiedenen Theaterinstitutionen) mehr oder weniger dieselben thematisch-formalen Bausteine aufweisen.

Eine Textsorte, die sich im Kommunikationsbereich „Theater" formal am meisten von den anderen Textsorten unterscheidet, ist die Textsorte Spielplan. Wie bereits im Kapitel zur Medialität der Theater-Textsorten erwähnt, ist das Medienformat dieser Textsorte das Leporello – also eine harmonikaartig gefaltete Broschüre.

Diesem für Theater-Spielpläne typischen Medienformat werden auch die thematisch-formalen Bausteine, ihr Umfang und ihre Platzierung angepasst. Auf der ersten bzw. oberen Seite des Spielplans des Stadttheaters Gießen für Oktober (im Querformat) befindet sich auf dem Hintergrund eines Bildes, das eine Szene aus einer Theateraufführung darstellt, der Titel *Stadt trifft Theater Stadttheater Gießen* und darunter *Oktober 2017* (vgl. Abb. 6). Unter dieser Seite ist von oben nach unten in zwei Spalten der Spielplan abgebildet – die linke Spalte umfasst das Programm des Großen Hauses und die rechte das der taT-Studiobühne. Ganz rechts befinden sich weitere Bilder bzw. Skizzen der Oper Don Giovanni. Auf der Hinterseite des Spielplans sind, wie bereits erwähnt, kürzere Stückbeschreibungen vorzufinden, die jeweils den Titel des Stücks und Angaben zum Autor bzw. Typ des Stücks enthalten. Während die Kurzbeschreibungen auf der Rückseite des Spielplans den Kurztexten im Spielzeitheft bzw. auf der Homepage des Stadttheaters Gießen ähneln und aus vollständigen Sätzen bestehen, weist die Spielplanübersicht auf der Vorderseite eine ganz andere Form auf. Sie enthält von oben nach unten in zeitlicher Abfolge alle Tage im Monat, an denen es (mindestens) eine Aufführung gibt – ganz links sind die ersten zwei Buchstaben des Tages (so, di, do...) abgebildet, rechts daneben steht in einem blauen Balken das Datum (von oben nach unten z. B. 01, 03, 05). Weiter rechts befinden sich dann die Angaben zu den Aufführungen, die in einer einfachen Syntax verfasst werden und keine vollständigen Sätze aufweisen. Ähnlich wie in den anderen Kommunikationsangeboten der Institution Theater spielt die räumliche Anordnung der Elemente auch in der Textsorte „Spielplan" eine wichtige Rolle. Dass sich die beiden Spalten mit dem Zeitplan über das ganze Kommunikationsangebot erstrecken und auf der Vorderseite abgebildet sind, weist auf ihre Wichtigkeit hin. Andere Textbausteine, die sich im unteren Teil der Vorderseite bzw. auf der Rückseite des Leporellos befinden, werden dafür durch andere Ressourcen wie etwa Linien/Kästchen, Farbe und Typographie hervorgehoben. Während die thematisch-formalen Bausteine der Textsorte Spielplan (z. B. der Name des Monats im Titel, das Datum und die Tage der Aufführungen, die Angaben zu den Aufführungen, die kurzen Stückbeschreibungen etc.) für diese Textsorte typisch sind und als mehr oder weniger standardisiert bezeichnet werden können, kann dies für die Positionierung der Bausteine nicht unbedingt behauptet werden. Diese weist zwar bestimmte Tendenzen auf (beispielsweise die Erstreckung des Zeitplans über das ganze Kommunikationsangebot, die Anordnung der einzelnen Aufführungen in einem Monat „von oben nach unten"), sie wird aber von Theaterinstitution zu Theaterinstitution unterschiedlich gelöst. So weisen die

Spielpläne des Schauspiels Leipzig im Unterschied zu denen des Stadttheaters Gießen nicht zwei, sondern nur eine Spalte (für alle Bühnen) auf – die unterschiedlichen Theateraufführungen, die an demselben Tag auf verschiedenen Bühnen vorgestellt werden, sind dann untereinander aufgeführt (vgl. Abb. 59). Während die
genaue räumliche Anordnung in Spielplänen also unterschiedlich gelöst werden
kann, sind das Medienformat „Leporello" und die Auflistung der Vorstellungen
von oben nach unten standardisiert und somit für Spielpläne der meisten Theaterinstitutionen typisch.

Zuletzt sollen zwei Kommunikationsangebote besprochen werden, die thematisch und funktional einander ähnlich sind – das Spielzeitheft und die Website.
Trotz der thematischen und funktionalen Ähnlichkeit unterscheiden sich diese
Kommunikationsangebote wesentlich in ihrer Form und der räumlichen Anordnung der thematisch-formalen Bausteine auf der Sehfläche. Dieser Unterschied
hängt zum größten Teil mit dem Medium zusammen, durch welches sie vermittelt
werden (gedruckt vs. digital). Während das Spielzeitheft des Stadttheaters Gießen
auf den ersten Paar Seiten einen Spielplan (vgl. Abb. 3) und die Begrüßung der
Oberbürgermeisterin und der Intendantin (vgl. Abb. 41a und 41b) enthält, sind sich
die darauf folgenden Seiten formal relativ ähnlich – sie enthalten nämlich Kurzbeschreibungen der Aufführungen aus dem Musiktheater, Schauspiel, Tanztheater,
Kinder- und Jugendtheater usw. Dabei befinden sich je nach der Seite oben links
bzw. rechts die Titel der Stücke, darunter Informationen zum Typ der Aufführung,
eventuell dem Tag der Premiere, dem Ort (z. B. *Großes Haus*) und andere Informationen zum Stück sowie jeweils ein Absatz mit einer Stückbeschreibung (vgl.
Abb. 7).

Ab Seite 26 folgen dann Seiten mit weiteren Informationen, die sich nicht auf
konkrete Theateraufführungen, sondern auf andere Bereiche bzw. Angebote des
Stadttheaters beziehen – z. B. *Theater zum Mitmachen, Theater und Schule, Personalia* usw. Die meisten thematisch-formalen Textbausteine auf diesen Seiten
enthalten kleine Überschriften (wie etwa *Dabei sein ist alles, Thea-Club, Junior-
Spieltrieb, Kinder- und Jugendchor* – vgl. Abb. 21) und darauf bezogene Kurz-
texte. Obwohl das Spielzeitheft eine „klassische" Struktur aufweist, d.h. ein ge-
bundenes Heft aus verschiedenen nacheinander folgenden Kapiteln darstellt, müssen diese Kapitel jedoch nicht unbedingt linear gelesen werden. Jedes Kapitel stellt
nämlich eine abgeschlossene Einheit dar, daher können die Leser selbst auswählen,
welche Kapitel (bzw. welche Stückbeschreibungen innerhalb eines Kapitels) sie
lesen möchten. Dabei können ihnen die Bezeichnungen der einzelnen „Rubriken"

(wie etwa *Musiktheater, Schauspiel, Tanztheater, Theater zum Mitmachen, Theater und Schule, Personalia* usw.) als Hilfe dienen, die sich auf jeder Seite in der linken bzw. rechten unteren Ecke neben der Seitenzahl befinden und (neben der roten Farbe und Großbuchstaben, in denen sie abgebildet sind) auch wegen ihrer Positionierung schnell bemerkt werden können (vgl. Abb. 7 rechts unten).

Eine ähnliche Funktion wie diese Rubrikenbezeichnungen im Spielzeitheft erfüllen im Kommunikationsangebot „Website" die Navigationsleisten. Wie bereits an mehreren Stellen erwähnt, verfügen digitale Kommunikationsangebote über die Eigenschaft der Nicht-Linearität – die Websites werden also nicht linear gelesen, sondern sie bestehen aus verschiedenen Teiltexten und Modulen, zwischen denen die Nutzer selbst navigieren können. So können die am Stadttheater Gießen Interessierten zwischen den Kategorien *Kalender, Spielzeit, Das sind wir, Info, Junges Theater, Archiv* und *Ticketshop* in der Navigationsleiste (vgl. Abb. 1) auswählen, sie können aber durch das Anklicken verschiedener Links auch direkt zu einer der *nächsten Premieren* bzw. einem der *nächsten Termine* gelangen (vgl. Abb. 1) – die Homepages der Theaterinstitutionen sind also dynamisch gestaltet. Während es auch im Fall von Theater-Websites gilt, dass Websites verschiedener Theaterinstitutionen über ähnliche thematisch-formale Bausteine verfügen (die meisten Websites enthalten z. B. einen Kalender/Spielplan, ein Ticketshop usw.), ist die Platzierung dieser Elemente im Kommunikationsangebot „Website" nicht bei allen Theaterinstitutionen gleich.

Die typischen thematisch-formalen Bausteine und ihre Platzierung auf der Sehfläche sind somit nicht nur von den einzelnen Kommunikationsangeboten, sondern auch von gewissen Gestaltungstraditionen einer bestimmten Zeitung bzw. Webseite abhängig. Dies hängt damit zusammen, dass Websites, Stückzettel oder Programmhefte verschiedener Theaterinstitutionen unterschiedlichen Designs unterliegen und die Platzierung bestimmter thematisch-formaler Bausteine innerhalb einer bestimmten Theaterinstitution jeweils mehr oder weniger standardisiert ist. An dieser Stelle sei noch einmal daran erinnert, dass aufgrund des exemplarischen Charakters dieser Fallstudie noch keine Verallgemeinerungen für die gesamte Textsorten-Ökologie „Theater" vorgenommen werden können.

3.3.5.2 Typographie

Die Ressource „Typographie" wird zwangsläufig in allen Textsorten und Kommunikationsangeboten der Institution Theater verwendet. Ihre Nutzung erfüllt darin überwiegend drei grundlegende Funktionen:

1) Zusammen mit den typischen formalen Bausteinen und ihrer Platzierung auf der Sehfläche trägt die Typographie zur Gesamtstrukturierung der Texte bei (zur sog. Organisationsfunktion) und hilft den Rezipierenden bei einer leichteren Orientierung und „Navigierung" zwischen den Inhalten. So werden z. B. die Überschriften in Theaterkritiken, Vorankündigungen, Stückzetteln, Programmheften usw. nicht selten durch die Verwendung von Großbuchstaben, durch die Schriftgröße und/oder Fettdruck vom Rest des Textes abgehoben (vgl. z. B. Abb. 10, 13, 15a bis 15f, 16, 48). Dabei erfüllen diese Überschriften zum einen die Funktion eines sprachlichen und typographischen Blickfangs, zum anderen dienen sie einer leichteren Orientierung der Rezipienten auf der Sehfläche. Eine ähnliche Funktion der räumlichen Organisation erfüllen auf der Website des Stadttheaters Gießen verschiedene Themenbereiche in der Navigationsleiste (*Kalender, Spielzeit, Das sind wir* usw. – vgl. Abb. 1) und Links (z. B.: *Triptychon des Ankommens – nur noch ein Mal* – vgl. Abb. 1 rechts), die ebenfalls durch Großbuchstaben und durch die blaue Farbe (Links) typographisch markiert sind.

2) Eine weitere grundlegende Funktion der typographischen Gestaltung in Textsorten und Kommunikationsangeboten der Institution Theater ist die Hervorhebung bestimmter Inhalte. So werden in Spielplänen des Stadttheaters Gießen die Titel einzelner Theateraufführungen immer in Großbuchstaben gesetzt und fettgedruckt (vgl. Abb. 6), Angaben zu den einzelnen Aufführungen weisen außerdem – je nach der Wichtigkeit der Information (Titel, Typ der Veranstaltung und Autor, weitere Angaben z. B. zu Schauspielern usw.) – drei verschiedene Schriftgrößen auf (vgl. Abb. 6). Ähnlich ist es im Fall des Spielzeitheftes – auch hier wird die Aufmerksamkeit des Lesers durch das Spiel mit Groß- und Kleinbuchstaben, Fettdruck und verschiedene Schriftgrößen geweckt (vgl. Abb. 7). Eine besonders wichtige Rolle bei der (typo-)graphischen Hervorhebung spielt außerdem die Nutzung von Farbe(n) (vgl. Abschnitt 3.3.5.3). Solche typographischen Mittel werden also genutzt, um anzuzeigen, dass etwas besonders wichtig ist. In Programmheften werden neben den Überschriften (vgl. Abb. 15d bis 15f) auch weitere wichtige Informationen typographisch hervorgehoben – so werden z. B. die Namen der an der *Aufführung Hoppla, wir leben!* beteiligten Personen (Schauspieler etc.) und die Angaben zur Premiere fettgedruckt (vgl. Abb. 15c). Auf der Rückseite des Spielplans und auf Stückzetteln werden zudem die Termine und Uhrzeiten der Aufführungen fettgedruckt, damit sie dem Leser schneller ins Auge fallen (vgl. Abb. 9 und Abb. 10).

3) In Werbeplakaten und ortsgebundenen Texten der Institution Theater (vgl. Kapitel 3.5) erfüllen die in Großbuchstaben und Fettdruck gesetzten und dadurch besonders auffälligen Überschriften die Funktion eines sprachlichen und typographischen Blickfangs – diese Texte müssen nämlich aus der Distanz sichtbar sein (vgl. Abb. 17 und 43).

Neben dem Fettdruck, der Groß- und Kleinschreibung sowie dem Gebrauch verschiedener Schriftgrößen kann die typographische Gestaltung und Hervorhebung in Theater-Textsorten auch durch Kursivschrift, verschiedene Schriftarten, graphische Segmentierung (durch Klammerbildung, Bindestrich usw.) und Farbe erfolgen.

3.3.5.3 Farbe

„Farbe" ist ebenfalls eine Ressource, die in allen Texttypen und Kommunikationsangeboten in der Außenkommunikation des Stadttheaters Gießen genutzt wird. Dabei können bestimmte Konstellationen der Farbnutzung zu dem einheitlichen Erscheinungsbild des Stadttheaters beitragen. Neben Schwarz, Weiß und Grau sind die Farben, die in den hier analysierten multimodalen Angeboten (aus der Spielzeit 2017/18) typischerweise verwendet werden, vor allem Rot und Blau, in einigen Kommunikationsangeboten auch Gelb. So wird beispielsweise durch die Kontinuität der blauen Farbe auf der Website des Stadttheaters Gießen (vgl. Abb. 1, Abb. 5, Abb. 8 usw.), und durch die Kontinuität der blauen und roten Farbe im Spielzeitheft (vgl. Abb. 2, Abb. 13, Abb. 21 usw.) und im Spielplan (vgl. Abb. 6, Abb. 9, Abb. 30), die visuelle Kohärenz in diesen Kommunikationsangeboten signalisiert. Eine ähnliche Rolle übernimmt im Kommunikationsangebot „Programmheft" die Kontinuität der Farbe Gelb (vgl. Abb. 15a bis 15f).

Neben der Funktion, die visuelle Kohärenz im Text auszudrücken, wird die Farbe in den Kommunikationsangeboten der Institution Theater auch mit dem Zweck einer besseren Orientierung im virtuellen Raum bzw. auf der Sehfläche eines gedruckten Kommunikationsangebots eingesetzt. So wird durch die Nutzung der blauen Farbe auf der Website des Stadttheaters Gießen auch der optische Raum organisiert. Die bereits erwähnten Titel der Aufführungen, die in blau gesetzt sind, sind nämlich zugleich auch Links, die man anklicken kann, um zu anderen Inhalten zu gelangen. Interessant dabei ist, dass die einzelnen Kategorien der Navigationsleiste wie *Kalender, Spielzeit, Das sind wir* (außer der Kategorie *Ticketshop*) in Grau abgebildet und somit unauffällig sind (vgl. Abb. 1). Wenn man jedoch einen in Blau gesetzten Titel einer Aufführung oder Premiere anklickt und somit zu der

Stückbeschreibung gelangt, dann färbt sich gleichzeitig auch der Eintrag *Spielzeit* in der Navigationsleiste blau, damit man weiß, unter welcher „Rubrik" man sich gerade befindet (vgl. Abb. 8). Farben werden in multimodalen Angeboten also mit dem Zweck einer räumlichen Organisation, einer besseren Orientierung beispielsweise in einem virtuellen Raum und für die Zwecke der Navigation genutzt.

Ein weiteres Beispiel für diese Funktion auf der Website des Stadttheaters Gießen ist Folgendes: Während die Kategorie *Ticketshop* in der Navigationsleiste als einzige die Form eines blau gefärbten Kästchens hat (vgl. Abb. 1), ist in der Rubrik *nächste Termine* im Zentrum der Seite bei Informationen zu jeder Aufführung auch das Wort *Karten* in Blau gesetzt (vgl. ebd.). Dabei gelangt man sowohl durch das Anklicken der Kategorie *Ticketshop* in der Navigationsleiste (vgl. Abb. 45a) als auch der Links mit den Wörtern *Karten* (vgl. Abb. 44) zum Kartenverkauf (vgl. Abb. 45b). Die Nutzung der blauen Farbe dient hier dazu, eine ganz zentrale Funktion im Theaterbereich, den Kartenvorverkauf, entsprechend prominent im Angebot zu verankern.

Schließlich wird Farbe in Kommunikationsangeboten im Umkreis von Theatern genutzt, um Titel von Aufführungen, Terminen, bestimmten Textelementen, Wörtern usw. hervorzuheben. So wird beispielsweise der Titel des Spielplans des Stadttheaters Gießen für Oktober 2017 durch rote Farbe graphisch segmentiert: Wenn der Spielplan aufgefaltet ist, lautet der sich auf der oberen Seite befindende Titel: *Stadt trifft Theater* und der darunter stehende zweite Teil: *Stadttheater Gießen*. Dabei sind die Wörter *Stadt* und *Theater* (in der ersten Zeile) und *Gießen* (in der zweiten Zeile) in roter Farbe abgebildet und werden somit durch Farbe graphisch vom Rest des Textes abgehoben (vgl. Abb. 6). Die Nutzung der Farbe legt gewissermaßen eine zweite Struktur über den räumlich organisierten Text. Wenn der Spielplan zusammengefaltet ist, ist auf der ersten Seite jedoch nur der rote Titel *Stadttheater Gießen* zu sehen (vgl. Abb. 6a). Ein weiteres Beispiel für die Hervorhebung durch Farbe sind die senkrechten blauen Linien bzw. Balken im Oktober-Spielplan, in denen in weißer Farbe die Daten der einzelnen Aufführungen stehen. Durch die Nutzung der blauen Farbe werden hier die Termine der Aufführungen besonders hervorgehoben (Abb. 6). Eine ähnliche Funktion der Hervorhebung erfüllen im Spielplan des Stadttheaters Gießen die in Blau gesetzten Titel *Grosses Haus* und *taT-studiobühne* (vgl. Abb. 6) sowie *Theater unterwegs*, *Abendkasse* und *Vorverkauf* (vgl. Abb. 30 rechts unten). Damit man auf die *Gastspiele* besonders aufmerksam wird, werden hier neben dem Titel auch die einzelnen Aufführungen in Blau gesetzt, außerdem befinden sich diese in einem blau gerahmten Kasten (vgl. Abb. 30 links). In einer ähnlichen Weise soll z. B. auf einem Stückzettel die

Internetadresse des Stadttheaters Gießen hervorgehoben werden – diese befindet sich nämlich auf dem blau gefärbten und somit besonders hervorgehobenen unteren Rand des Stückzettels und sticht durch ihre weiße Farbe und relativ große Schriftgröße heraus (vgl. Abb. 10). Darüber hinaus werden im Spielzeitheft des Stadttheaters Gießen die Titel der Aufführungen und alle anderen wichtigen Informationen (zum Autor, Ort, Termin der Aufführung usw.) durch die rote Farbe besonders hervorgehoben (vgl. Abb. 7).

Die Farbe wird in den Kommunikationsangeboten der Institution Theater also nicht aus rein dekorativen Gründen eingesetzt, ihre Nutzung kann vielmehr unterschiedliche Funktionen erfüllen – ihr kommt ein kommunikativer Sinn zu.

3.3.5.4 Bilder

Was die Art der Bilder angeht, so kommen in Kommunikationsangeboten des Stadttheaters Gießen überwiegend Fotografien vor. Diese sind jedoch nur in bestimmten Kommunikationsangeboten vorzufinden. So befinden sich beispielsweise auf Stückzetteln (vgl. Abb. 10), Eintrittskarten (vgl. Abb. 12) und Vorankündigungen aus Zeitungen (vgl. Abb. 13) keine Abbildungen, interessanterweise gilt dies auch für Werbeplakate, und zwar sowohl im Fall des Stadttheaters Gießen als auch des Schauspiels Leipzig (vgl. Abb. 17 und Abb. 43). Dies wirkt insofern überraschend, als in der heutigen Plakat- und Anzeigenwerbung „die zentralen kommunikativen Impulse immer stärker vom Bildteil statt vom Textteil aus[gehen]" (Meyer 2010, 95f.), was Hermann K. Ehmer (1973) als „visuelle Kommunikation" in der Werbung beschreibt. Obwohl die hier vorliegenden Werbeplakate keine Abbildungen enthalten, wecken sie jedoch durch andere Modalitäten die Aufmerksamkeit der am Theater Interessierten, und zwar durch auffällige Farben (gelb, bunt) und typographische Hervorhebungen wie etwa große Schrift und/oder Fettdruck.

Die anderen Texttypen und Kommunikationsangebote des Stadttheaters Gießen enthalten jedoch verschiedene Abbildungen, so z. B. das Spielzeitheft, der Spielplan, die Website, Schauspielerporträts, Programmhefte, Newsletters, die Facebook-Profilseite, die Twitter-Seite und Theaterkritiken. Die Abbildungen in diesen Kommunikationsangeboten thematisieren vor allem zweierlei: a) Schauspieler und andere im Theater Mitwirkende (wie etwa Dramaturgen, Regisseure, Gäste – z. B. einen an einem Poetry Slam beteiligten Dichter) und b) Szenen aus Theateraufführungen. Dabei läuft die Richtung der funktionalen Verknüpfung in Texten und Kommunikationsangeboten des Stadttheaters Gießen überwiegend von Bild zu Text – das bedeutet, dass normalerweise der Text thematisch zentral ist und das

Bild z. B. der Veranschaulichung des durch die Sprache thematisierten Gegenstands dient (vgl. dazu Fritz 2017, 129). Dabei erfüllen die Bilder verschiedene kommunikative Funktionen – einige davon sollen im Folgenden genauer betrachtet werden:

1) Die Nutzung der Bilder kann eine textergänzende Funktion haben, ohne dass im Text näher auf die Bilder eingegangen würde. So gehen z. B. die zentralen thematischen Impulse im Programmheft für die Aufführung *Hoppla, wir leben!* vom Text aus, die Bilder ergänzen jedoch das Geschriebene und tragen zu einer besseren Vorstellung der Rezipienten über das aufgeführte (und im sprachlichen Teil besprochene) Theaterstück bei (vgl. Abb. 15a bis 15f). Obwohl die thematische Hauptlast in den meisten kommunikativen Angeboten des Stadttheaters Gießen die Ressource Text trägt, spielen auch Bilder eine sehr wichtige Rolle – es handelt sich also nicht um eine reine „Bebilderungsfunktion". Das Wesen des Theaters liegt nämlich in der Multimodalität – ohne Ressourcen wie Gestik, Mimik, Bühnenraum, Musik, Kostüme usw. gäbe es kein Theater. In den hier behandelten nicht-poetischen Texten und Kommunikationsangeboten kann man sich mit Hilfe von Bildern leichter eine Vorstellung von dieser für die kulturelle Institution Theater typischen Multimodalität im Rahmen von Aufführungen machen. Obwohl der Text also in den meisten Fällen auch ohne Bilder verständlich wäre, trägt erst das Zusammenspiel von Texten und Abbildungen verschiedener Szenen aus Theaterführungen zum kommunikativen Gesamteffekt der Angebote in der Außenkommunikation von Theatern bei (vgl. z. B. die erste/obere Seite des Gießener Spielplans für Oktober – Abb. 6 bzw. 6a).

2) Des Weiteren können Bilder eine bestimmte Theateraufführung oder eine im Theater mitwirkende Person visuell vorstellen. Anhand von Bildern können sich Rezipienten also leichter vorstellen, wie z. B. das Bühnenbild in einer Theatervorstellung aussieht oder wie die Schauspieler aussehen. So befinden sich auf der Hinterseite der Spielpläne des Stadttheaters Gießen neben den Inhaltsangaben zu Aufführungen bzw. kurzen Ausschnitten aus Theaterkritiken auch Abbildungen, die diese Aufführungen visuell präsentieren (vgl. Abb. 60 links). Ein weiteres Beispiel für diese Funktion sind Porträtfotos der Schauspieler und anderer im Theater Tätigen – so werden die im Theater mitwirkenden Personen auf der Website des Stadttheaters Gießen mit ihren Namen, ihrer Biographie, aber auch einem Foto präsentiert (vgl. Abb. 40). Während solche Fotos den potenziellen Theaterbesuchern dabei verhelfen, die Schauspieler (z. B. auf der Bühne) leichter zu erkennen, machen beispielsweise die Porträtfotos auf den

Seiten 30 und 31 des aktuellen Spielzeitheftes etwas weniger Sinn: Da diese Fotos nämlich keine Bildunterschriften enthalten, kann man sie nicht den einzelnen im Spielzeitheft angeführten Namen der Mitwirkenden zuordnen (vgl. Abb. 26 und 27).

3) Das Bild kann ferner eine im Text beschriebene Szene zeigen – dies ist z. B. in der Theaterkritik der Aufführung *Like Heimat I like* der Fall. Hier wird die sprachliche Beschreibung (*Eine große weiße Box wird hereingeschoben, auf der ein altes Radio steht. Der Mann, der sie schiebt...*) durch das Bild der beschriebenen Szene veranschaulicht (vgl. Abb. 50).

4) Eine weitere Funktion der Bilder in kommunikativen Angeboten des Stadttheaters Gießen ist es beispielsweise, einen bestimmten Aspekt aus dem (sprachlichen) Text besonders hervorzuheben. So ist in der Theaterkritik der Aufführung *Triptychon des Ankommens* mit dem Titel *Migranten-Putzfrau hasst Flüchtlinge* auf dem Bild eine Szene zu sehen, in der die Hauptfigur Marusja, also die *Migranten-Putzfrau* aus der Überschrift, die Zuschauer böse anguckt und wahrscheinlich gerade schlecht über die Flüchtlinge redet (vgl. Abb. 55). Dieses Bild visualisiert also einen im Text der Theaterkritik thematisierten Aspekt der Aufführung.

5) Die Bilder der Kommunikationsangebote in Umkreis von Theaterinstitutionen können schließlich dazu genutzt werden, neue Informationen zu liefern. Während wir in der auf der Website des Stadttheaters Gießen veröffentlichten Kurzbeschreibung des Stücks *Triptychon des Ankommens* beispielsweise nicht erfahren, dass die Aufführung an drei verschiedenen Orten stattfindet und dass eins davon das Gießener Rathaus ist, kann man den diese Kurzbeschreibung begleitenden Bildern einige neue Informationen entnehmen: Die hierfür verwendeten Bilder zeigen drei sehr unterschiedliche Hintergründe, eins davon zeigt ein Treppenhaus in einem Gebäude, das sich keinesfalls auf der Bühne befinden könnte. Man kann allein aufgrund dieses Fotos zwar nicht schlussfolgern, dass die Aufführung an drei verschiedenen Orten, unter anderem im Gießener Rathaus stattfindet. Man kann aber aufgrund des Bildes vom Treppenhaus vermuten – vor allem, wenn man das Gießener Theater und die taT-Studiobühne kennt – dass der Ort auf dem Bild nicht das Theater ist (vgl. Abb. 61a, 61b und 61c). Die Bilder liefern in diesem Fall also Informationen, die wir dem Text nicht entnehmen können.

Die Bilder in Texten und Kommunikationsangeboten der Außenkommunikation von Theatern können also verschiedene kommunikative Funktionen übernehmen.

Manche davon werden auch durch die aufgrund der medialen Bedingungen entstandenen Nutzungsoptionen ermöglicht. So können Kurzbeschreibungen der Inszenierungen von Theaterstücken auf Websites (und in anderen digitalen Angeboten) beispielsweise trotz Platzmangel gleich durch mehrere Fotos von Aufführung begleitet werden – z. B. indem diese abwechselnd in Form einer automatisierten Slideshow auf dem Bildschirm angezeigt werden. Auf der Website des Stadttheaters Gießen werden die Kurzbeschreibungen der inszenierten Theaterstücke – wie am Beispiel von *Triptychon des Ankommens* gezeigt wurde (vgl. Abb. 61a, b und c) – durch mehrere Bilder unterstützt.

Eine Eigenschaft von Bildern, die durch technische Entwicklungen ermöglicht wird, ist ihre Veränderbarkeit. So wurden viele im Spielzeitheft des Stadttheaters Gießen eingesetzte Fotografien technisch bearbeitet und in Form eines blau-weißen Negativs abgebildet (vgl. Abb. 20). Die blau-weiße Farbe dieser Bilder trägt zum einen zur visuellen Kohärenz in Angeboten des Gießener Stadttheaters bei, zum anderen soll durch solche „untypischen" Fotografien die Aufmerksamkeit der Leser erregt werden.

Die Nutzung der semiotischen Ressource „Bild" spielt in multimodalen Kommunikationsangeboten der Institution Theater eine zentrale Rolle und verdient es deshalb, in der an diese Fallstudie anschließenden weiterführenden Arbeit noch ausführlicher analysiert zu werden.

3.3.5.5 Videos

In digitalen Kommunikationsangeboten im Umkreis von Theaterinstitutionen können auch bewegte Bilder und Videos eingesetzt werden. Diese kommen vor allem auf sozialen Netzwerken von Theaterinstitutionen (Facebook, Twitter), auf verschiedenen Plattformen wie YouTube, Vimeo etc., manchmal aber auch in Newsletters oder auf Webseiten vor. Dabei wird überwiegend zwischen zwei Typen von Einbettung der Videos in diese Kommunikationsangebote unterschieden: Zum einen können Videos in Form von weiterführenden Links und/oder sog. „Play-Ikons" in das Angebot eingearbeitet werden – diese Form ist in Kommunikationsangeboten der Theaterinstitutionen seltener und kommt beispielsweise in Newsletters vor. Zum anderen können Videos als selbstständige Module zwischen die anderen Module wie Text, Bilder etc. gesetzt werden. In diesem Fall wird der Nutzer nicht durch einen Link weitergeleitet, vielmehr wird durch das Drücken auf das „Play"-Zeichen in einem statischen Bild das entsprechende Video gestartet und direkt im Kommunikationsangebot abgespielt (vgl. zu dieser Technik Ermakova 2015, 237). So verabschiedet man sich beispielsweise auf der Facebook-Seite des

Schauspiels Leipzig[25] mit einem zwischen die anderen Module gesetzten Video, dem *Spielzeittrailer*, in die Sommerpause (vgl. Abb. 62).[26]

In Bezug auf die Funktionen und die Kopplung mit anderen Ressourcen können Videos wie im obigen Beispiel das im sprachlichen Teil Ausgedrückte ergänzen, einen bestimmten Aspekt besonders hervorheben oder den sprachlichen Text (z. B. eine Ankündigung o.ä.) auch ganz ersetzen.

Was die Art der Videos angeht, so handelt es sich in Kommunikationsangeboten von Theatern meistens um Videos, die eigens von und für Theaterinstitutionen angefertigt werden. Dabei wird – ähnlich wie im Filmbereich – zwischen den etwas längeren Trailern und den kürzeren Teasern unterschieden.[27] Solche Videos können neben den visuellen Elementen auch gesprochenen (oder sogar geschriebenen) Text, Musik und/oder Geräusche enthalten. Diese verschiedenen Elemente können in einem Video auch kombiniert werden. So enthält der bereits erwähnte Spielzeittrailer des Schauspiels Leipzig 2017/2018[28] beispielsweise keinen gesprochenen Text, sondern nur Visuelles und Musik/Geräusche – er zeigt die Schauspieler, die sich in einem Zimmer auf ihren Auftritt vorbereiten, sich anziehen, schminken, Übungen machen und auch Spaß haben. Diese kurzen aufeinanderfolgenden Schnitte mit verschiedenen Schauspielern werden durch Musik im Hintergrund begleitet und enden mit einem werbenden Text, auf dem das Motto der Spielzeit *Angst oder Liebe* geschrieben ist. Im Gegensatz zu diesem Video ist der Trailer für die Aufführung *Hoppla, wir leben!* des Stadttheaters Gießen ganz anders – er enthält keine Szenen aus der realen Welt (d.h. keine Personen, keine Orte, Gegenstände usw.), sondern nur abstraktes Spielen mit Licht, Farbe und Form, begleitet durch Ton (Musik und Geräusche).[29] Dass dieses Video keine Szenen aus der Vorstellung zeigt, ist wahrscheinlich kein Zufall – die Produzenten des Trailers versuchen hier alleine durch einen – für die Aufführung typischen – Effekt (das Spielen mit Licht) die Aufmerksamkeit der Zuschauer erregen und ihr Interesse für den Besuch der Vorstellung wecken.

---

[25] Da das Stadttheater Gießen im Laufe der Entstehung dieser Studie (Ende des Jahres 2017 und Anfang des Jahres 2018) auf seinen sozialen Netzwerken und in anderen digitalen Kommunikationsangeboten vergleichsweise wenige Videos genutzt hat, werden für die exemplarische Darstellung der Nutzung dieser Ressource auch Videos anderer Theaterinstitutionen (z. B. des Schauspiels Leipzig usw.) verwendet.
[26] URL: https://vimeo.com/218642807; Stand: 14.12.2018
[27] Zur Funktion von Trailern und Teasern siehe weiter unten.
[28] URL: https://vimeo.com/218642807; Stand: 14.12.2018
[29] URL: https://vimeo.com/231833024; Stand: 10.01.2018

Videos in digitalen Angeboten von Theaterinstitutionen thematisieren normaler-
weise Ausschnitte aus Theateraufführungen, abstrakte Szenen (wie im Fall des
Spielzeittrailers des Schauspiels Leipzig), von Schauspielern speziell für den
Zweck des Videos aufgenommene Szenen usw. So sind das Thema des Trailers für
die Aufführung *Kasimir und Karoline* des Schauspiels Leipzig[30] Szenen aus der
Vorstellung. Dasselbe Stück wurde (auf eine ganz andere Art und Weise) auch im
Schauspiel Dortmund aufgeführt – auch der Trailer für diese Aufführung[31] thematisiert einfach Szenen aus der Vorstellung. Im Gegensatz zu diesen zwei Trailern
wurde im Trailer für die Vorstellung *Die Schmachtigallen landen einen Hit*[32] die
Szene speziell für den Zweck des Videos aufgenommen: Die Schmachtigallen singen hier ein Lied aus der Vorstellung und sprechen die potenziellen Theaterbesucher persönlich an.

Während solche Trailer in der Regel die Funktion erfüllen, eine Theateraufführung anzukündigen und für sie zu werben, ist die Aufgabe der kürzeren Teaser, die
Neugier der potenziellen Theaterbesucher zu wecken und somit ebenfalls für die
Aufführung zu werben. So wird im Teaser des Schauspiels Leipzig für die Aufführung *Die Konferenz der Tiere*[33] ganz explizit für diese Vorstellung geworben. Neben der Ankündigungsfunktion und der werbenden Funktion erfüllen Videos in
Kommunikationsangeboten der Theaterinstitutionen auch eine (diesen Funktionen
untergeordnete) Funktion des Informierens – die Zuschauer können durch einen
Trailer bzw. Teaser z. B. über den Inhalt, die Zeit oder den Ort der Aufführung
informiert werden.

Die Texttypen und Kommunikationsangebote, durch welche die kommunikativen
Aufgaben der Institution Theater realisiert werden, sind also multimodal – die
kommunikativen Handlungen des Informierens, Bewertens, Werbens, Ankündi-
gens usw. werden mit unterschiedlichen Ressourcen vollzogen, die im vorliegenden Kapitel ausführlich besprochen wurden. Dabei spielt nicht nur die Sprache eine
wichtige Rolle, vielmehr leisten auch die Platzierung bestimmter Elemente auf der
Sehfläche, Linien, Kästchen, Typographie, Farbe, Bilder und Videos einen Beitrag
zum kommunikativen Sinn der „übergeordneten" Ressource (im Fall von Linien,
Typographie usw.) bzw. sie erhalten bei ihrer Nutzung einen eigenen kommunikativen Sinn.

---

[30]   URL: https://player.vimeo.com/video/235730826?api=1&player_id=trailer-produc-
tion-vimeo&title=0&byline=0&portrait=0; Stand: 14.12.2018
[31]   URL: https://www.youtube.com/watch?v=sSD5P894oi4; Stand: 14.12.2018
[32]   URL: https://www.youtube.com/watch?v=ls2GHOETz5o; Stand: 14.12.2018
[33]   URL: https://vimeo.com/216840118; Stand: 14.12.2018

3.4 Aspekte der Medialität

Im Hinblick auf das Medium, durch welches die Texte und Kommunikationsange-bote in der Außenkommunikation von Theatern vermittelt werden, wird zwischen zwei großen Gruppen unterschieden: den gedruckten und den digitalen Tex-ten/Kommunikationsangeboten. Neben diesen zwei Gruppen gibt es auch solche kommunikativen Angebote, die sowohl in gedruckter als auch in digitaler Form erscheinen können.

1) Während die meisten gedruckten Texte und Kommunikationsangebote in der Außenkommunikation von Theatern durch das Material „Papier" oder „Pappe" vermittelt werden, unterscheiden sich diese im Hinblick auf das Medienformat (vgl. Bucher/Gloning/Lehnen 2010, 18f.) bzw. den „institutionalisierten" Text-träger (vgl. Fix 2008c, 346). So erscheinen Spielzeithefte, Programmhefte und Abo-Hefte – wie bereits ihre Namen suggerieren – in der Regel in Form von Heften, mit Umschlagseiten und mehreren Seiten zwischen ihnen (vgl. Abb. 2 und 15). Sie erfüllen die Funktion, die Informationen (über eine Spielzeit, ein bestimmtes Theaterstück usw.) in einer meist linearen, nicht-modularisierten Form zu übermitteln.[34] Dabei eignen sich solche gedruckten Angebote beson-ders gut für Rezipienten, die kein Internet gebrauchen können (z. B. ältere Men-schen) bzw. wollen. Außerdem verfügen solche Spielzeit- und Programmhefte im Theaterbereich über eine lange Tradition und wurden deshalb bisher nicht durch digitale Angebote ersetzt. Zu gedruckten Textsorten gehören zudem Stückzettel und Eintrittskarten, die in Form von größeren bzw. kleineren Zetteln (vgl. Abb. 10, 11 und 12) erscheinen. Dieses Medienformat erweist sich im Theater als praktisch, denn man kann z. B. einen Stückzettel – ähnlich wie Kon-zertblätter in klassischen Konzerten – mit in die Vorstellung nehmen und even-tuell auch während der Vorstellung kurz darauf schauen.

2) Zu Kommunikationsangeboten, die sowohl in gedruckter Form als auch digital vermittelt werden können, gehören beispielsweise Werbetexte. Dabei unter-scheidet Janich (2013, 30) zwischen Werbemitteln und Werbeträgern. Die für die Außenkommunikation von Theatern typischen Werbemittel sind z. B. Wer-beanzeigen, Werbeplakate oder (Werbe-)Videos. Während Werbeanzeigen bei-spielsweise in Zeitungen, (Theater-)Zeitschriften, im Internet oder – wie bereits

---

[34] Wenn solche Spielzeithefte, Programmhefte usw. aus mehreren abgeschlossenen Ka-piteln bestehen, müssen sie jedoch, wie bereits erwähnt, nicht unbedingt linear gele-sen werden.

erwähnt – sogar auf Postkarten (vgl. Abb. 57a und b) erscheinen können, werden Werbeplakate auf Plakatwänden (vgl. Abb. 17 und 43) und Videos z. B. auf Facebook-Profilseiten oder Twitter-Seiten der Theaterinstitutionen (vgl. Abb. 53 und Abb. 62) veröffentlicht. Dabei erfüllen Werbetexte auf Postkarten die Funktion, auf eine kreative und innovative Art und Weise für Theaterangebote zu werben; Werbeplakate machen normalerweise durch ihre Größe und ihre Platzierung die Vorbeigehenden auf die Theatervorstellungen aufmerksam; Videos haben den Vorteil, auf sozialen Netzwerken und anderen digitalen Portalen schnell verbreitet zu werden. Weitere Textsorten, die sowohl durch „alte" als auch durch neue Medien vermittelt werden können, sind Theaterkritiken und (Vor-)Ankündigungen. Während Kritiken überwiegend in gedruckten oder digitalen Zeitungen bzw. Online-Portalen erscheinen (vgl. Abb. 16 und 48), werden (Vor-)Ankündigungen ebenfalls in gedruckten und digitalen Zeitungen, aber auch beispielsweise in Newsletters oder auf Seiten der sozialen Netzwerke publiziert (vgl. Abb. 13, 14 und 18).

Zu den kommunikativen Angeboten, die sowohl in physischer als auch in digitaler Form erscheinen können, gehören außerdem Spielpläne. Diese werden in gedruckter Version in Form von gefalteten Broschüren vermittelt. Da diese Broschüre auch „Leporello" genannt wird, wird mit diesem Ausdruck oft auf die Textsorte selbst referiert, obwohl es sich primär um das Medienformat handelt. Leporello, der als „harmonikaartig gefalteter, breiter und längerer Streifen Papier" (Duden Online) definiert wird, kann somit als Medienformat für Ansichtskarten, Wanderkarten, Kalender u.a.m. verwendet werden. Wenn man im Theater-Jargon jedoch von „Leporello" spricht, liegt auf der Hand, dass damit die Textsorte Spielplan gemeint ist, obwohl die Bedeutung ‚Spielplan' des Wortes Leporello (noch) nicht lexikalisiert ist. Dass die Theater-Fachleute fast nur vom „Leporello" und kaum vom „Spielplan" sprechen, weist darauf hin, dass dieses Medienformat typisch für diese Textsorte und somit für die Kommunikations-Ökologie der Institution Theater ist (und beispielsweise nicht für die Ökologie der Institution Kino oder Museum; vgl. Škerlavaj 2018, 70f.).

3) Zu den digitalen Angeboten im Umkreis der Institution Theater gehören die Kommunikationsangebote „Website", „Newsletter" und Seiten der sozialen Netzwerke wie etwa Facebook-Profilseiten oder Twitter-Seiten der Theaterinstitutionen. Diese Kommunikationsangebote teilen also die Eigenschaft, im digitalen „Raum" verfügbar zu sein und unterscheiden sich von den gedruckten Kommunikationsangeboten wie Spielzeitheften, Programmheften und Stückzetteln vor allem in zwei wesentlichen Merkmalen: in der Hypertextualität und

Dialogizität/Partizipation. Als definitorische Merkmale von Hypertexten nennt Storrer (2000, 227) die Nicht-Linearität, die Multimodalität und die Eigenschaft, dass Hypertexte computerverwaltete Texte sind. Das Merkmal der Nicht-Linearität wirkt sich, wie bereits an mehreren Stellen dieser Arbeit erwähnt, auf den Funktionsbereich und die damit verbundenen sprachlichen Aspekte der digitalen Theater-Texte. Während im Umkreis von Theaterinstitutionen sowohl die gedruckten, als auch die digitalen Kommunikationsangebote multimodal sind, ist ein Merkmal der Online-Texte, über welches die gedruckten Texte nicht verfügen, die Dialogizität. Diese hängt mit dem ersten Kennzeichen des Web 2.0, der sog. Partizipation (Androutsopoulos 2010, 421), zusammen. Hierbei geht es, wie schon erwähnt, darum, dass Inhalte im Web 2.0 von den Nutzern „selbst beigesteuert – hochgeladen, kommentiert, mit anderen Inhalten verknüpft usw." (Androutsopoulos 2010, 421) werden können. „Dadurch kann jeder durchschnittlich befähigte Nutzer, selbst wenn er nicht programmieren kann, viel leichter als bisher aktiv an der Informations- und Meinungsverbreitung teilnehmen – das Motto lautet: Jeder kann mitmachen" (de.wikipedia.org 2009, zitiert nach Androutsopoulos 2010, 421). Während die Eigenschaft der Hypertextualität für alle digitalen Kommunikationsangebote im Umfeld der Theaterinstitutionen typisch ist, zeichnen sich durch die Eigenschaft der Dialogizität/Partizipation überwiegend die Facebook-Profilseiten und die Twitter-Seiten von Theatern aus.

Da die Textsorten und multimodalen Angebote im Umkreis von Theaterinstitutionen also durch verschiedene Mediengattungen (Internet- und/oder Printausgaben) vermittelt werden und in Form verschiedener Medienformate (Plakat, Heft, Facebook-Beitrag usw.) erscheinen können, kann man im Fall des Kerns der kommunikativen Ökologie „Theater" von einem multimedialen Repertoire sprechen, dessen Komponenten – wie im Folgenden gezeigt wird – auch crossmedial miteinander vernetzt sein können.

Im Hinblick auf mediale Zusammenhänge zwischen den Texttypen und Kommunikationsangeboten in der Außenkommunikation des Gießener Stadttheaters sind zwei Formen von Vernetzung interessant: die intra- und intermedialen Verweise. Dabei geht es um Verweise innerhalb eines Mediums (intramedial) bzw. auf jeweils ein anderes Medium (intermedial; vgl. Wiesinger 2010, 302).[35] Zu den

---

[35] Es liegt nahe, dass Wiesinger unter dem Begriff „Medium" sowohl Mediengattungen als auch Medienformate (vgl. Bucher/Gloning/Lehnen 2010, 19f.) versteht und somit mit den „intermedialen Verweisen" sowohl Verweise auf eine andere Mediengattung

wichtigsten intramedialen Verweisverfahren gehört die Nutzung von Teasern, die wir in dieser Studie bereits im Kapitel zum Gebrauch der Ressource „Video" kennengelernt haben. Es handelt sich jedoch generell um eine journalistische Darstellungsform (vgl. Straßner 2001, 101), „deren wichtigste Funktion darin besteht, die User einerseits zu informieren, andererseits aber so viel Spannung aufzubauen, dass sie weiterklicken beziehungsweise weiterblättern" (Wiesinger 2010, 304). Sie wirken also als „Lockmittel" (vgl. Wiesinger 2010, 301), außerdem können in solchen Teasern verschiedene Ressourcen (wie etwa Sprache, Bild, Video usw.) verwendet werden. Während es sich im Fall der bereits besprochenen Video-Teaser um direkte Verweise auf Theatervorstellungen handelt, sind hier Teaser also im Sinne von intra- bzw. intermedialen Verweisen auf weitere mediale Angebote in der Theater-Ökologie zu verstehen.

So verweist beispielsweise der Intendant des Schauspiels Leipzig im Vorwort des Spielzeitheftes 2017/18 an mehreren Stellen auf andere Kapitel/Seiten des Spielzeitheftes. Im Absatz, in dem er über das Motto der Spielzeit 2017/18 spricht, steht z. B. folgendes:

> Mit dieser Bestätigung starten wir nun in die fünfte Spielzeit, die unter meiner Leitung und der meines Teams steht. Das Motto, das wir uns für die kommende Saison gegeben haben, lautet: „Angst oder Liebe" – auf den Seiten 34 und 35 dieses Heftes stellen wir Ihnen dieses Motto näher vor. (vgl. Abb. 63)

In diesem Beispiel handelt es sich also um einen intramedialen Verweis bzw. einen Teaser, der die Leser neugierig macht und dazu verleitet, das Kapitel über das Motto der Spielzeit „Angst oder Liebe" auf den Seiten 34 und 35 zu lesen. Auf andere Teile eines Kommunikationsangebots wird im Theaterbereich am meisten durch Verweiswörter wie *mehr* oder *weiter* und durch lokaldeiktische Ausdrücke wie *auf den Seiten xy, hier* oder *unter* verwiesen.

Während intramediale Verweise in den Theater-Angeboten vergleichsweise selten vorkommen, sind intermediale Verweise, vor allem in Form von Verweisen auf ein anderes Medienformat, viel häufiger zu finden. So befindet sich in vielen gedruckten Angeboten des Stadttheaters Gießen ein Verweis auf die Homepage des Stadttheaters: auf dem Spielplan (vgl. Abb 30 unten rechts), dem Stückzettel (vgl. Abb. 10 und Abb. 11 unten), der Hinterseite des Programmheftes (vgl. Abb. 64) und sogar auf der Eintrittskarte (vgl. Abb. 12). Auf diese Art und Weise wird also crossmedial für die Homepage des Stadttheaters geworben. Ähnliche Verweise

---

(z. B. Verweise zwischen Online- und Printmedien) sowie solche auf ein anderes Medienformat (z. B. Website-Verweise auf die Facebook-Seite) meint.

gibt es aber auch in digitalen Kommunikationsangeboten. Als Beispiel kann der folgende Verweis auf die aktuellen Spielpläne auf der Website des Gießener Stadttheaters dienen: *Hier kommen Sie zu den aktuellen Monatsleporelli:* (vgl. Abb. 1)[36], wobei man zu den Leporelli sowohl durch das Anklicken des Wortes *hier* als auch der kleinen Abbildungen der Leporelli gelangen kann. Zu den intermedialen Verweisen im Sinne der Verweise auf ein anderes Medienformat gehören außerdem die Hinweise auf die Facebook-, Twitter- und You Tube-Seite der Homepage des Stadttheaters Gießen (vgl. Abb. 8), die Angabe der Website auf der Twitter-Seite (vgl. Abb. 65) sowie verschiedene Verlinkungen (z. B. mit dem Ticketshop usw.) auf der Facebook-Seite des Stadttheaters (vgl. Abb. 46). Außerdem können User auf der Homepage des Stadttheaters einen Newsletter abonnieren (vgl. Abb. 1 oben rechts) und auch über die Homepage zu dem Ticketshop gelangen (vgl. Abb. 1, Kategorie „Ticketshop" in der Navigationsleiste). Diese zahlreichen crossmedialen Verweise zwischen den Kommunikationsangeboten im digitalen Raum der Kommunikations-Ökologie „Theater" weisen darauf hin, dass auch in solchen „traditionellen" kulturellen Institutionen wie Schauspielhäusern die digitalen Angebote eine äußerst wichtige Rolle spielen. Die Funktion solcher Verweise in den digitalen wie auch in den gedruckten Angeboten der Außenkommunikation von Theatern ist es, auf die anderen Theater-Publikationen aufmerksam zu machen und somit – in einem Medienverbund – füreinander und für die Theaterinstitution und ihre Angebote zu werben.

3.5 Aspekte der Ortsgebundenheit

Wie im theoretischen Teil der vorliegenden Studie schon angedeutet, kann auch die Nutzung eines bestimmten Publikationsortes zum kommunikativen Sinn der Kommunikationsangebote im Theater beitragen. Im physischen Raum der Kommunikations-Ökologie „Theater" sind manche Angebote z. B. an das Theatergebäude gebunden, sie eröffnen dort ganz bestimmte Handlungsräume und wären an anderen Orten in ihrer spezifischen Funktion nicht verstehbar. Im vorliegenden Abschnitt soll die Aufmerksamkeit solchen ortsgebundenen Kommunikationsangeboten samt ihren Funktionen, Themen, sprachlichen Eigenschaften, typischen Textträgern und ihrer graphischen Gestaltung gewidmet werden.

---

[36] Diese Leporelli sind zwar auch digital, es handelt sich jedoch um Pdf-Dateien, aus denen die gedruckten Leporelli gemacht werden, und nicht um den interaktiven Online-Spielplan auf der Homepage des Theaters.

Die an das Theatergebäude und seine Umgebung gebundenen Kommunikationsangebote erfüllen verschiedene Funktionen. So ist z. B. die Funktion der Benennung laut Auer (2010, 290) „eine grundlegende Funktion öffentlicher Schrift, die
in der heutigen Zeit vor allem der Orientierung dient". Diese Funktion erfüllt z. B.
der Text *Haus der Karten* auf dem Gebäude der Gießener Theaterkasse (vgl. Abb.
66). Diese Inschrift suggeriert zugleich, dass man in diesem Gebäude Theaterkarten kaufen kann – die Funktion der Benennung wird in diesem Fall also mit der
Funktion „Angaben zum Gebrauch eines Ortes machen und bestimmte Handlungen eröffnen" kombiniert. Letztere ist nach Auer (2010, 292) „heute die wichtigste
Funktion öffentlicher, ortsfester Schrift". Hierbei kann es sich in Theaterinstitutionen um einfache, eher knappe Funktionsbezeichnungen handeln wie etwa im Fall
des Schildes *Bühneneingang* (vgl. Abb. 52), es kommen aber nicht selten auch
ausführlichere Angaben bzw. Hinweise vor – beispielsweise solche zum Gebrauch
der Gästebücher:

> Gästebuch. Offen für Ihre Fragen und Wünsche, für Anregungen, Lob und Kritik.
> (vgl. Abb. 67)

Ferner können ortsgebundene Kommunikationsangebote im Umfeld von Theaterinstitutionen z. B. über das Theater, seine Architektur und Geschichte informieren
(vgl. Abb. 68), Wege weisen (vgl. Abb. 69) oder gedenken. Um die Funktion des
Gedenkens handelt es sich beispielsweise, wenn sich in der Nähe eines Theaterge-
bäudes ein Denkmal eines verstorbenen Schriftstellers befindet. Diese Funktion
erfüllen aber auch bestimmte Inschriften auf historischen Theatergebäuden.

Die oben beschriebenen übergeordneten Funktionen der ortsgebundenen Theater-Angebote können mit verschiedenen thematischen Aspekten kombiniert werden. Dadurch ergeben sich Textbausteine mit Teilfunktionen (vgl. Gloning 2008,
65) wie „informieren über die Architektur und Geschichte des Theaters", „Angaben zum Gebrauch des Gästebuchs geben", „wegweisen zur Theaterkasse" usw.

Was die Themenstruktur der ortsgebundenen Texte der Institution Theater anbelangt, so werden darin überwiegend die Gegenstände/Orte thematisiert, auf denen sich die Texte befinden bzw. auf die sie sich beziehen: der Bühneneingang,
das Haus der Karten, die Theaterkasse usw. Wie aus diesen Beispielen ersichtlich,
bestehen solche Texte oft nur aus einem Wort – zu den typischen Vertextungsverfahren gehören daher vor allem Formen der syntaktischen Verdichtung und Präsentationsökonomie. Neben den Einwort-Konstruktionen (vgl. Abb. 52) zählen
dazu noch die modalen (deontischen) Infinitive wie etwa in *Bitte Bügel drücken!*
(vgl. Auer 2010, 288) sowie andere verblose bzw. nominalisierte Konstruktionen
wie z. B. *Eingang nur beim Pförtner* (vgl. Abb. 70). Dass solche ortsgebundenen

und grammatisch recht reduzierten Texte problemlos verstanden werden können, liegt laut Auer (2010, 289) zum einen an der sog. Form/Funktion-Kopplung – das heißt, dass bestimmte grammatische Konstruktionen (wie z. B. deontische Infinitive) mit bestimmten Funktionen (z. B. „Gebrauchsweisen vorschlagen/verbieten") stabil verbunden sind. Zum anderen macht in bestimmten Situationen der Handlungskontext „bereits so starke Vorgaben [...], dass eine sprachliche Explizierung verschiedener Situationsparameter nicht mehr nötig ist" (Auer 2010, 289). Die Interpretation solcher ortsgebundenen Kommunikationsangebote setzt aber trotzdem ein bestimmtes Allgemein- und vor allem spezifisches Sprach- bzw. Textsortenwissen sowie kulturelles Wissen voraus.

Die ortsgebundenen Kommunikate im Umfeld von Theatern kommen am häufigsten in Form von Inschriften und Schildern vor. Während Inschriften dingfest sind (z. B. der Text *Haus der Karten* auf dem Gebäude der Gießener Theaterkasse; vgl. Abb. 66), können Schilder direkt oder indirekt mit dem Objekt verbunden sein, auf das sie sich beziehen (vgl. Abb. 67, Abb. 69). Zu den Textträgern gehören außerdem auch Zettel, die eher temporär und normalerweise angeheftet oder angeklebt sind.

Ähnlich wie für alle anderen Kommunikationsangebote im Umkreis von Theaterinstitutionen ist es auch für ortsgebundene Angebote typisch, dass sie multimodal sind. So sind die alleinstehenden Benennungen und die Überschriften (in längeren Texten) oft durch die Verwendung von Großbuchstaben gekennzeichnet (vgl. Abb. 68). Diese haben die Funktion eines sprachlichen und typographischen Blickfangs und sind, wie schon erwähnt, aus der Ferne einfacher zu bemerken. Zudem sind nicht selten weitere typographische Hervorhebungen wie etwa Fettdruck oder Hervorhebung durch Farbe vorhanden. Neben den sprachlichen Zeichen und den typographischen Besonderheiten enthalten viele Schilder des Stadttheaters Gießen auch das Logo des Theaters (vgl. Abb. 52). In den Wegweisern sind außerdem oft indexikalische Zeichen wie etwa Pfeile bzw. Pointer vorhanden (Abb. 69).

Diese Kommunikationsangebote teilen also ihre Gebundenheit an den Ort. Was den Zusammenhang mit den anderen Textsorten und Kommunikationsangeboten der Gießener Theater-Ökologie anbelangt, so ist den ortsgebundenen und den anderen (gedruckten und digitalen) Angeboten vor allem die Nutzung des Logos sowie die typische Nutzung der gelben Farbe (z. B. im Logo), aber auch der blauen und roten Farbe gemeinsam. Die Konfiguration der Farbnutzung wie auch der Gebrauch des Logos in ortsgebundenen und ortsungebundenen Kommunikationsangeboten des Stadttheaters Gießen tragen somit zu einem einheitlichen Erscheinungsbild des Theaters und seiner kommunikativen Angebote bei.

4. Ergebnisse und Perspektiven zukünftiger Forschung

Im Zusammenhang mit der Aufgabe des umfangreicheren Forschungsprojektes, die kommunikative Landschaft der kulturellen Institution „Theater" zu beschreiben, sollte in dieser Studie eine eigene Konzeption für die Beschreibung komplexer funktionaler, thematischer und medialer Zusammenhänge entwickelt und anhand einer Fallstudie in der Anwendung erprobt werden. Dies wurde geleistet, indem im theoretischen Teil der Studie das Konzept einer Kommunikations-Ökologie erarbeitet wurde und anschließend anhand einer Fallstudie die Kommunikations-Ökologie der Außenkommunikation des Stadttheaters Gießen während einer Spielzeit umfassend beschrieben wurde.

In der Außenkommunikation von Theatern sollen verschiedene kommunikative Aufgaben bewältigt werden, was durch eine ganze Reihe, ein Repertoire von Textsorten und Kommunikationsangeboten erfolgt. Diese kommunikativen Aufgaben stimmen mit den Zielen der Textgestalter überein – die an der Außenkommunikation von Theatern beteiligten Akteure handeln also zielorientiert. Die dem Kern des Kommunikationsaufkommens angehörenden Texttypen und Angebote weisen eine große Vielfalt im Funktions- und Themenbereich auf, außerdem bestehen für sie bestimmte (mehr oder weniger standardisierte) Vertextungsverfahren, Äußerungsformen und Kommunikationsprinzipien (von denen natürlich auch abgewichen werden kann). Die Kommunikation findet in zwei „Kommunikationsräumen", einem physischen und einem virtuellen, statt. Die einzelnen Kommunikationsangebote werden in Form verschiedener Medienformate vermittelt, durch welche die Umsetzung ihrer Funktionen und ihr Bedeutungspotenzial geprägt werden. Die Auswahl des Medienformats wirkt sich außerdem auf die Themenorganisation, die sprachlichen Eigenschaften und die graphische Gestaltung dieser Kommunikationsangebote aus – die Theater-Angebote sind in der Regel multimodal. Darüber hinaus unterliegen die Textsorten und multimodalen Angebote der Kommunikations-Ökologie „Theater" in der Spielzeit einer gewissen zeitlichen Dynamik, auf ihren kommunikativen Sinn kann sich aber auch die Nutzung des Ortes, an dem sie publiziert werden, auswirken.

Dabei bestehen zwischen den analysierten Texttypen und Kommunikationsangeboten in der Außenkommunikation von Theatern viele Gemeinsamkeiten, die sich aus verschiedenen Aspekten ergeben. Was den Aspekt der Textrezeption angeht, sind z. B. die meisten in dieser Studie behandelten Kommunikationsangebote an die (potenziellen) Theaterbesucher gerichtet. Im Hinblick auf die Produzentenseite muss jedoch zwischen den von der Theaterinstitution (und ihren Mitarbeitern) produzierten, den von verschiedenen Theater- und Literaturwissenschaftlern und

Theaterkritikern produzierten sowie zwischen den von beliebigen Internetnutzern produzierten Beiträgen unterschieden werden. Was die Funktion der hier analysierten Kommunikationsangebote angeht, so sind beispielsweise Werbetexte, (Vor-)Ankündigungen, Newsletter und Soziale-Netzwerk-Seiten aufgrund der werbenden Funktion miteinander verbunden; Theaterkritiken und Bewertungen auf sozialen Netzwerken erfüllen unter anderem eine bewertende Funktion; und den Textsorten bzw. Kommunikationsangeboten „Spielplan", „Stückzettel", „Abo-Heft", „Spielzeitheft" und „Website" ist die informierende Funktion gemeinsam.

Im Hinblick auf die thematischen Aspekte sind alle in dieser Studie behandelten Angebote über den Gegenstand „Theateraufführung(en)" bzw. „-inszenierungen" miteinander verbunden – dieser Gegenstand wird also in allen Kommunikationsangeboten thematisiert. Außerdem gibt es weitere thematische Überschneidungen zwischen den einzelnen Angeboten – z. B. werden in Angeboten wie Spielplan, Stückzettel, Ankündigung, Eintrittskarte und Website der Ort, die Zeit, das Datum und der Inhalt der Theatervorstellungen thematisiert, in Facebook-Videos, Spielplänen, Spielzeitheften und Programmheften werden z. B. Szenen aus Theateraufführungen visuell thematisiert usw.

Was die typischen Äußerungsformen der Texttypen und Kommunikationsangebote in der Außenkommunikation von Theatern angeht, so sind beispielsweise für ortsgebundene und digitale Kommunikationsangebote sowie für Eintrittskarten und Spielpläne kurze Sätze, reduzierte Syntax, Einwortbildungen und Telegrammstil typisch, in Theaterkritiken und Programmheften kommen jedoch komplexere sprachliche Konstruktionen mit längeren Sätzen vor. Theaterkritiken und Kommentare auf sozialen Netzwerken zeichnen sich durch die Nutzung der subjektiv gefärbten Lexik aus, außerdem ist für diese Angebote wie auch für Werbetexte eine häufige Verwendung von Adjektiven, Superlativen und den sogenannten Hochwörtern typisch.

Hinsichtlich der graphischen Gestaltung der behandelten Kommunikationsangebote sind die meisten Angebote durch die Nutzung bestimmter typographischer Besonderheiten, der räumlichen Anordnung auf der Sehfläche und der Farbe gekennzeichnet, wobei diese Ressourcen zu verschiedenen Zwecken (z. B. Hervorhebung, visuelle Kohärenz, Organisation bzw. leichtere Orientierung auf der Sehfläche usw.) eingesetzt werden. Darüber hinaus kann die Konstellation der Farbnutzung – ähnlich wie der Gebrauch des Logos – zu einem einheitlichen Erscheinungsbild des Theaters und seiner kommunikativen Angebote beitragen. In vielen Angeboten der Außenkommunikation des Gießener Stadttheaters werden zudem Bilder verwendet – das gilt z. B. für Spielzeithefte, Programmhefte, Spielpläne, Schauspielerporträts, Werbetexte, Kritiken sowie Websites und Soziale-Netzwerk-Seiten. Dabei erfüllt auch die Nutzung von Bildern verschiedene Funktionen wie etwa die sprachergänzende Funktion, die Funktion der visuellen Vorstellung, die Funktion der Lieferung von neuen Informationen oder eine reine Bebilderungs- und Auflockerungsfunktion.

Im Hinblick auf die Medialität und den Kommunikationsraum können sich die Angebote in der Außenkommunikation von Theatern, wie schon erwähnt, in einem physischen oder einem virtuellen Raum befinden: Während Stückzettel, Spielzeithefte, Programmhefte, Abo-Hefte und Eintrittskarten gedruckt sind, werden Newsletter, Websites sowie Facebook- und Twitterseiten digital vermittelt. Die Kommunikationsangebote wie Werbetext, Spielplan, Theaterkritik oder (Vor-)Ankündigung können sowohl in digitaler als auch in gedruckter Form erscheinen und gehören somit den beiden Kommunikationsräumen an.

Schließlich bestehen zwischen den Textsorten und Kommunikationsangeboten im Theater Relationen aufgrund der Aspekte der Zeit (z. B. Vor- und Nachtexte) und des Ortes (z. B. ortsgebundene Texte wie etwa das Schild *Bühneneingang*, der Wegweiser zur Theaterkasse usw.). Die Ökologie in der Außenkommunikation von Theatern ist somit ein komplexer Funktionszusammenhang mit vielen Komponenten, der zudem kulturspezifisch ist und einen historisch-dynamischen Charakter aufweist.

In der vorliegenden Studie handelte es sich um eine exemplarische Darstellung der zentralen Aspekte der Ökologie in der Außenkommunikation von Theatern und der dazu gehörenden multimodalen Angebote sowie um die Beschreibung der aufgrund dieser Aspekte entstandenen Relationen. Es wurde am Fallbeispiel einer Theaterinstitution (des Stadttheaters Gießen) gezeigt, wie man solche kommunikativen „Ökologien" im Umkreis der kulturellen Institution Theater beschreiben und untersuchen kann. Dabei konnten natürlich nicht alle Aspekte der Organisation solcher Ökologien restlos ausgeschöpft werden. Im geplanten Forschungsprojekt sollen somit zwei Ziele verfolgt werden: Zum einen soll die theoretische Aufgabe erfüllt werden, die Organisation der Kommunikations-Ökologie der Institution Theater vertieft zu systematisieren. Zum anderen soll in der Habilitationsschrift eine eigenständige empirische Anwendung und Evaluation des gewählten theoretisch-methodischen Instrumentariums an einem größeren Datenausschnitt mit Textsorten und Kommunikationsangeboten aus mehrerer Theaterinstitutionen und aus verschiedenen Spielzeiten durchgeführt werden.

5. Quellen- und Literaturverzeichnis

5.1 Quellen

Gedruckte Kommunikationsangebote

Abo-Heft des Schauspiels Leipzig, Spielzeit 2016/17. Schauspiel Leipzig (Hrsg.). Intendant: Enrico Lübbe. Gestaltung: HawaiiF3 & Bureau David Voss.

Abo-Heft des Stadttheaters Gießen, Spielzeit 2017/18. Integriert in: Spielzeitheft des Stadttheaters Gießen, Spielzeit 2017/18. Stadttheater Gießen GmbH (Hrsg.). Intendantin: Cathérine Miville. Corporate Design: hd mayer.graffiti. Gestaltung: Torsten Jacobs.

Eintrittskarte zu *Triptychon des Ankommens*, Spielzeit 2017/18. Stadttheater Gießen GmbH (Hrsg.). Intendantin: Cathérine Miville. Gestaltung und Design: hd mayer.graffiti.

Kritik der Aufführung *Diebe*: „Hintergründige Komik mit leisen Zwischentönen". In: *Gießener Anzeiger*, 24.04.2017. Von Thomas Schmitz Albohn.

Kritik der Aufführung *Like Heimat I like*: „Keine Antwort auf das Internet". In: *Gießener Anzeiger*, 17.06.2017. Von Anja Leitner.

Kritik der Aufführung *Triptychon des Ankommens*: „Große Wirkung allein durch die Sprache". In: *Gießener Anzeiger*, 01.09.2017. Von Klaus-J. Frahm.

Kritik der Aufführung *Triptychon des Ankommens*: „Migranten-Putzfrau hasst Flüchtlinge". In: *Gießener Allgemeine*, 02.09.2017. Von Karola Schepp.

Programmheft zu *Hoppla, wir leben!*, Spielzeit 2017/18. Stadttheater Gießen GmbH (Hrsg.). Intendantin: Cathérine Miville. Corporate Design: hd mayer.graffiti. Gestaltung: Torsten Jacobs.

Spielplan des Schauspiels Leipzig, März 2015. Schauspiel Leipzig (Hrsg.). Intendant: Enrico Lübbe. Gestaltung: HawaiiF3 & Bureau David Voss.

Spielplan des Stadttheaters Gießen, November 2017. Stadttheater Gießen GmbH (Hrsg.). Intendantin: Cathérine Miville. Corporate Design: hd mayer.graffiti. Gestaltung: Torsten Jacobs.

Spielplan des Stadttheaters Gießen, Oktober 2017. Stadttheater Gießen GmbH (Hrsg.). Intendantin: Cathérine Miville. Corporate Design: hd mayer.graffiti. Gestaltung: Torsten Jacobs.

Spielzeitheft des Schauspiels Leipzig, „Angst oder Liebe", Spielzeit 2017/18. Schauspiel Leipzig (Hrsg.). Intendant: Enrico Lübbe. Gestaltung: HawaiiF3 & Bureau David Voss.

Spielzeitheft des Stadttheaters Gießen, Spielzeit 2017/18. Stadttheater Gießen GmbH (Hrsg.). Intendantin: Cathérine Miville. Corporate Design: hd mayer.graffiti. Gestaltung: Torsten Jacobs.

Stückzettel zu *Triptychon des Ankommens*, Spielzeit 2017/18. Stadttheater Gießen GmbH (Hrsg.). Intendantin: Cathérine Miville. Gestaltung und Design: hd mayer.graffiti.

Vorankündigung der Aufführung *Like Heimat I Like*: „Stückentwicklung über Digitalisierung". In: *Gießener Allgemeine*, 13.06.2017.

Vorankündigung der Aufführung *Triptychon des Ankommens*: „Drei Kurzdramen an drei Standorten". In: *Gießener Allgemeine*, 30.08.2017.

Werbeplakat für *Hoppla, wir leben!*, Spielzeit 2017/18. Stadttheater Gießen GmbH. Intendantin: Cathérine Miville.

Werbeplakat für *Kasimir und Karoline*, Spielzeit 2017/18. Schauspiel Leipzig. Intendant: Enrico Lübbe. Gestaltung: HawaiiF3 & Bureau David Voss.

Werbepostkarte für *Die Konferenz der Tiere*, Spielzeit 2016/17. Schauspiel Leipzig. Intendant: Enrico Lübbe. Gestaltung: HawaiiF3 & Bureau David Voss.

Werbe-Streichholzschachtel für *Zeiten des Aufruhrs*, Spielzeit 2014/15. Schauspiel Leipzig. Intendant: Enrico Lübbe. Gestaltung: HawaiiF3 & Bureau David Voss.

Digitale Kommunikationsangebote

Facebook-Seite des Schauspiels Leipzig. URL: https://www.facebook.com/ schauspielleipzig.fanseite; Stand: 16.12.2018.

Facebook-Seite des Stadttheaters Gießen. URL: https://www.facebook.com/ Stadttheater.Giessen; Stand: 16.12.2018.

Kritik der Aufführung *Hoppla, wir leben!*: „Lichtspielerei im Tollhaus". Von Karola Schepp. URL: https://www.giessener-allgemeine.de/regional/stadtgiessen/Stadt-Giessen-Lichtspielerei-im-Tollhaus;art71,308535; Stand: 16.12.2018.

Newsletter des Stadttheaters Gießen vom 31.08.2017. Online nicht verfügbar (vgl. Abb. 14).

Spielzeittrailer des Schauspiels Leipzig 2017/18. URL: https://vimeo.com/218642807; Stand: 14.12.2018

Teaser für die Aufführung *Die Konferenz der Tiere* des Schauspiels Leipzig. URL: https://vimeo.com/216840118; Stand: 14.12.2018

Ticketshop des Stadttheaters Gießen. URL: https://webshop.stadttheater-giessen.de/eventim.webshop/webticket/startpage; Stand: 16.12.2018.

Trailer für die Aufführung *Hoppla, wir leben!* des Stadttheaters Gießen. URL: https://vimeo.com/231833024; Stand: 10.01.2018

Trailer für die Aufführung *Kasimir und Karoline* des Schauspiels Dortmund. URL: https://www.youtube.com/watch?v=sSD5P894oi4; Stand: 14.12.2018

Trailer für die Aufführung *Kasimir und Karoline* des Schauspiels Leipzig. URL: https://player.vimeo.com/video/235730826?api=1&player_id=trailer-production-vimeo&title=0&byline=0&portrait=0; Stand: 14.12.2018

Trailer für die Vorstellung *Die Schmachtigallen landen einen Hit* des Stadttheaters Gießen. URL: https://www.youtube.com/watch?v=ls2GHOETz5o; Stand: 14.12.2018

Twitter-Seite des Stadttheaters Gießen. URL: https://twitter.com/stadttheater_gi; Stand: 16.12.2018.

Website des Stadttheaters Gießen. URL: https://www.stadttheater-giessen.de; Stand: 16.12.2018.

5.2 Wissenschaftliche Literatur

Adamzik, Kirsten (2000): „Was ist pragmatisch orientierte Textsortenforschung?" In: Adamzik, Kirsten (Hrsg.): *Textsorten. Reflexionen und Analysen*. Tübingen: Stauffenburg, S. 1-112.

Adamzik, Kirsten (2002): „Interaktionsrollen. Die Textwelt und ihre Akteure". In: Adamzik, Kirsten (Hrsg.): *Texte, Diskurse, Interaktionsrollen. Analysen zur Kommunikation im öffentlichen Raum*. Tübingen: Stauffenburg, S. 211-255.

Adamzik, Kirsten (2011): „Textsortennetze". In: Habscheid, Stephan (Hrsg.): *Textsorten, Handlungsmuster, Oberflächen. Linguistische Typologien der Kommunikation*. Berlin/New York: de Gruyter, S. 367-385.

Adamzik, Kirsten (2016): *Textlinguistik: Grundlagen, Kontroversen, Perspektiven*. Berlin, Boston: de Gruyter.

Androutsopoulos, Jannis (2010): „Multimodal – intertextuell – heteroglossisch: Sprach-Gestalten in ‚Web 2.0'-Umgebungen". In: Arnulf Deppermann, Angelika Linke (Hrsg.): *Sprache intermedial – Stimme und Schrift, Bild und Ton*. Berlin/New York: de Gruyter, S. 419-445.

Auer, Peter (2010): „Sprachliche Landschaften. Die Strukturierung des öffentlichen Raums durch die geschriebene Sprache". In: Arnulf Deppermann, Angelika Linke (Hrsg.): *Sprache intermedial – Stimme und Schrift, Bild und Ton*. Berlin/New York: de Gruyter, S. 271-300.

Austin, John Langshaw (1986): *Zur Theorie der Sprechakte (How to do things with words)*. Stuttgart: Reclam.

Baldry, Anthony/Thibault, Paul/Lemke, Jay (2010): *Multimodal transcription and text analysis. A multimedia toolkit and coursebook*. London: Equinox.

Bateman, John A. (2008): *Multimodality and genre. A foundation for the systematic analysis of multimodal documents*. Basingstoke, Hampshire: Palgrave Macmillan.

Beile, Birgit H. (1997): *Gesangsbeschreibung in deutschen und englischen Musikkritiken. Fachsprachenlinguistische Untersuchungen zum Wortschatz*. Frankfurt am Main/Bern: Peter Lang.

Betten, Anne/Fix, Ulla/Wanning, Berbeli (Hrsg.) (2017): *Handbuch Sprache in der Literatur*. Berlin/Boston: de Gruyter.

Brandmeyer, Klaus et al. (2011): *Markenkraft zum Nulltarif. Der Trick mit den Resonanzfeldern*. Wiesbaden: Gabler.

Böheim, Gabriele (1987): *Zur Sprache der Musikkritiken. Ausdrucksmöglichkeiten der Bewertung und/oder Beschreibung*. Innsbruck: Institut für Germanistik.

Brinker, Klaus et al. (Hrsg.) (2000): *Text und Gesprächslinguistik. Ein internationales Handbuch zeitgenössischer Forschung*. Berlin/New York: de Gruyter.

Brinker, Klaus (2005): *Linguistische Textanalyse. Eine Einführung in Grundbegriffe und Methoden*. Berlin: Erich Schmidt Verlag.

Bucher, Hans-Jürgen (1999): „Sprachwissenschaftliche Methoden der Medienforschung". In: Leonhard, Joachim-Felix u.a. (Hrsg.): *Medienwissenschaft. Ein Handbuch zur Entwicklung der Medien und Kommunikationsformen*. Erster Teilband. Berlin/New York: de Gruyter, S. 213-231.

Bucher, Hans Jürgen (2010): „Multimodalität – eine Universalie des Medienwandels: Problemstellungen und Theorien der Multimodalitätsforschung". In: Bucher, Hans Jürgen/Gloning, Thomas/Lehnen, Katrin (Hrsg): *Neue Medien – neue Formate. Ausdifferenzierung und Konvergenz in der Medienkommunikation*. Frankfurt am Main/New York: Campus, S. 41-79.

Bucher, Hans Jürgen (2011): „Multimodales Verstehen oder Rezeption als Interaktion. Theoretische und empirische Grundlagen einer systematischen Analyse der Multimodalität". In: Dieckmannshenke, Hajo/Klemm, Michael/Stöckl, Hartmut: *Bildlinguistik. Theorien – Methoden – Fallbeispiele*. Berlin: Erich Schmidt Verlag, S. 123-156.

Bucher, Hans Jürgen/Gloning, Thomas/Lehnen, Katrin (Hrsg.) (2010): *Neue Medien – neue Formate. Ausdifferenzierung und Konvergenz in der Medienkommunikation.* Frankfurt am Main/New York: Campus.

Bucher, Hans Jürgen/Gloning, Thomas/Lehnen, Katrin (2010): „Medienformate: Ausdifferenzierung und Konvergenz – zum Zusammenhang von Medienwandel und Formatwandel". In: Bucher, Hans Jürgen/Gloning, Thomas/Lehnen, Katrin (Hrsg.): *Neue Medien – neue Formate. Ausdifferenzierung und Konvergenz in der Medienkommunikation.* Frankfurt am Main/New York: Campus, S. 9-38.

Cheng, Hsin-Yi/Gloning, Thomas (2017): *Spielarten des Personenporträts in Zeitungen: Strukturen und Funktionen eines Textmusters.* Gießen: Gießener Elektronische Bibliothek.

Domke, Christine (2014): *Die Betextung des öffentlichen Raumes. Eine Studie zur Spezifik von Meso-Kommunikation am Beispiel von Bahnhöfen, Innenstädten und Flughäfen.* Heidelberg: Universitätsverlag Winter.

Drew, Paul/Sorjonen, Marja-Leena (1997): „Institutional dialogue". In: Van Dijk, Teun (Hrsg.): *Discourse as Social Interaction.* London: Sage, S. 92-118.

Dürscheid, Christa (2005): „Medien, Kommunikationsformen, kommunikative Gattungen". In: *Linguistik online*, Band 22, Nr. 1. https://bop.unibe.ch/linguistik-online/article/view/752/1283; Stand: 15.12.2018.

Ehmer, Hermann K. (Hrsg.) (1973): *Visuelle Kommunikation: Beiträge zur Kritik der Bewußtseinsindustrie.* Köln: DuMont Schauberg.

Ermakova, Vera (2015): *Städte-, Länder- und Landschaftsporträts in gedruckten Zeitungen und Online-Angeboten. Grundlagen und empirische Untersuchungen zu Konstruktionsprinzipien einer multimodalen Kommunikationsform.* Gießen: Gießener Elektronische Bibliothek.

Fandrych, Christian/Thurmair, Maria (2015): „Kunst besprechen und vermitteln: Zu sprachlichen Strategien von Audioguides". In: Dobstadt, Michael/Fandrych, Christian/Riedner, Renate (Hrsg.): *Linguistik und Kulturwissenschaft. Zu ihrem Verhältnis aus der Perspektive des Faches Deutsch als Fremd- und Zweitsprache und anderer Disziplinen.* Frankfurt am Main: Peter Lang, S. 189-213.

Fill, Alwin/Mühlhäusler, Peter (Hrsg.) (2001): *The Ecolinguistics Reader: Language, Ecology and Environment.* London, New York: Continuum.

Fix, Ulla (2001): „Zugänge zu Stil als semiotisch komplexer Einheit. Thesen, Erläuterungen und Beispiele". In: Jakobs, Eva-Maria/Rothkegel, Annely (Hrsg.): *Perspektiven auf Stil.* Tübingen: Niemeyer, S. 113-126.

Fix, Ulla (2008a): „Text und Textlinguistik". In: Janich, Nina (Hrsg.): *Textlinguistik. 15 Einführungen*. Tübingen: Narr, S. 15-34.

Fix, Ulla (2008b): „Textsorte – Textmuster – Textmustermischung. Konzept und Analysebeispiel". In: Fix, Ulla: *Texte und Textsorten: sprachliche, kommunikative und kulturelle Phänomene*. Berlin: Frank & Timme, S. 65-82.

Fix, Ulla (2008c): Nichtsprachliches als Textfaktor: Medialität, Materialität, Lokalität. In: *Zeitschrift für germanistische Linguistik* 36 (3), S. 343–354.

Fischer-Lichte, Erika (2007a): *Semiotik des Theaters. Das System der theatralischen Zeichen*. Band 1. Tübingen: Gunter Narr.

Fischer-Lichte, Erika (2007b): *Semiotik des Theaters. Vom „künstlichen" zum „natürlichen" Zeichen. Theater des Barock und der Aufklärung*. Band 2. Tübingen: Gunter Narr.

Fischer-Lichte, Erika (2009): *Semiotik des Theaters. Die Aufführung als Text*. Band 3. Tübingen: Gunter Narr.

Forceville, Charles (1996): *Pictorial Metaphor in Advertising*. London: Routledge.

Fritz, Gerd (2008): „Bessere Texte schreiben. Überlegungen zur Textqualität aus der Sicht einer dynamischen Texttheorie". In: *Sprache und Literatur*. Jahrgang 2008, 2. Halbjahr, S. 75-105.

Fritz, Gerd (2017): *Dynamische Texttheorie*. Gießen: Gießener Elektronische Bibliothek.

Gaede, Werner (1981): *Vom Wort zum Bild. Kreativ-Methoden der Visualisierung*. München: Langen-Müller/Herbig.

Gerwinski, Jan/Stephan Habscheid/Erika Linz (Hrsg.) (2018): *Theater im Gespräch. Sprachliche Kunstaneignungspraktiken in der Theaterpause*. Berlin: de Gruyter Mouton.

Gloning, Thomas (2008): „„Man schlürft Schauspielkunst...'. Spielarten der Theaterkritik". In: Hagestedt, Lutz (Hrsg.): *Literatur als Lust. Begegnungen zwischen Poesie und Wissenschaft. Festschrift für Thomas Anz*. München: belleville, S. 59-86.

Gülich, Elisabeth (1981): „Dialogkonstitution in institutionell geregelter Kommunikation". In: Schröder, Peter/Steger, Hugo (Hrsg): *Dialogforschung*. Düsseldorf: Schwann, S. 418-456.

Habscheid, Stephan (2000): „„Medium' in der Pragmatik. Eine kritische Bestandsaufnahme". In: *Deutsche Sprache* 28/1, S. 126–143.

Habscheid, Stephan/Christine Hrncal/Raphaela Knipp/Erika Linz (Hrsg.) (2016): *Alltagspraktiken des Publikums. Theater, Literatur, Kunst, Populärkultur.* Thementeil der Zeitschrift für Literaturwissenschaft und Linguistik (LiLi), Jg. 46, Heft 4.

Hausendorf, Heiko (Hrsg.) (2007): *Vor dem Kunstwerk. Interdisziplinäre Aspekte des Sprechens und Schreibens über Kunst.* München: Wilhelm Fink.

Hausendorf, Heiko (2011): „Kunstkommunikation". In: Habscheid, Stephan (Hrsg.): *Textsorten, Handlungsmuster, Oberflächen. Typologien der Kommunikation.* Berlin/Boston: de Gruyter Lexikon, S. 509–535.

Hausendorf, Heiko/Müller, Marcus (2016): „Sprache in der Kunstkommunikation – Einleitung". In: Hausendorf, Heiko/Müller, Marcus (Hrsg.): *Handbuch der Sprache in der Kunstkommunikation.* Berlin/Boston: de Gruyter, S. IX-X.

Hausendorf, Heiko/Müller, Marcus (Hrsg.) (2016): *Handbuch der Sprache in der Kunstkommunikation.* Berlin/Boston: de Gruyter.

Hawley, Amos H. (1950): *Human ecology: A Theory of Community Structure.* New York: The Roland Press Co.

Heinemann, Wolfgang/Viehweger, Dieter (1991): *Textlinguistik. Eine Einführung.* Tübingen: Niemeyer.

Holly, Werner (1997): „Zur Rolle von Sprache in Medien. Semiotische und kommunikationsstrukturelle Grundlagen". In: *Muttersprache* 1, S. 64-75.

Holly, Werner (2007): „Schreiben über Film(e). Linguistische Anmerkungen zur Beschreibung und Deutung von Bildern in Filmkritiken". In: Hausendorf, Heiko (Hrsg.): *Vor dem Kunstwerk. Interdisziplinäre Aspekte des Sprechens und Schreibens über Kunst.* München: Wilhelm Fink, S. 225-242.

Janich, Nina (2009): *Zur Analyse von Textsorten-in-Vernetzung. Eine Modelldiskussion an einem Fallbeispiel aus der Unternehmenskommunikation.* LAUD-Paper 734, Essen: LAUD.

Janich, Nina (2013): *Werbesprache. Ein Arbeitsbuch.* Tübingen: Narr.

Kalverkämper, Hartwig (1993): „Das fachliche Bild. Zeichenprozesse in der Darstellung wissenschaftlicher Ergebnisse". In: Schröder, Hartmut (Hrsg.): *Fachtextpragmatik.* Tübingen: Narr, S. 215-238.

Klein, Josef (1991): „Politische Textsorten". In: Brinker, Klaus (Hrsg.): *Aspekte der Textlinguistik.* Hildesheim/Zürich/New York: Olms.

Klein, Josef (2000a): „Textsorten im Bereich politischer Institutionen". In: Brinker, Klaus et al. (Hrsg.): *Text und Gesprächslinguistik. Ein internationales*

Handbuch zeitgenössischer Forschung, Band 1. Berlin/New York: de Gruyter, S. 732-755.

Klein, Josef (2000b): „Intertextualität, Gestaltungsmodus, Texthandlungsmuster. Drei vernachlässigte Kategorien der Textsortenforschung – exemplifiziert an politischen und medialen Textsorten". In: Adamzik, Kirsten (Hrsg.): *Textsorten. Reflexionen und Analysen.* Tübingen: Stauffenburg, S. 31-44.

Klein, Josef (2011): „Diskurse, Kampagnen, Verfahren. Politische Texte und Textsorten in Funktion". In: Domke, Christine/Kilian, Jörg (Hrsg.): *Mitteilungen des deutschen Germanistenverbandes* 58, Heft 3, (= Themenheft: *Sprache in der Politik. Aktuelle Ansätze und Entwicklungen der politolinguistischen Forschung*), S. 289-298.

Kress, Gunther/van Leeuwen, Theo (2002): „Colour as a semiotic mode: notes for a grammar of colour". In: *Visual Communication* 1 (3), S. 343-362.

Kress, Gunther/van Leeuwen, Theo (2006): *Reading images. The grammar of visual design.* London: Routledge.

Lehnen, Katrin (2006): „Hypertext – kommunikative Anforderungen am Beispiel von Websites". In: Schlobinski, Peter (Hrsg.): *Von „hdl" bis „cul8r". Sprache und Kommunikation in den neuen Medien.* Mannheim u.a.: Dudenverlag, S. 197-209.

Löffler, Heinrich (2006): „Originalität und Konvention. Zur Sprache der Musikkritik". In: Breuer, Ulrich/ Hyvärinen, Irma (Hrsg.): *Wörter-Verbindungen. Festschrift für Jarmo Korhonen zum 60. Geburtstag.* Frankfurt am Main/Bern: Peter Lang, S. 197-211.

Luckmann, Thomas (1986): „Grundformen der gesellschaftlichen Vermittlung des Wissens: Kommunikative Gattungen". In: Niedhart, Friedhelm/Lepsius, M. Rainer/Weiss, Johannes (Hrsg.): *Kultur und Gesellschaft. René König, dem Begründer der Sonderhefte, zum 80. Geburtstag gewidmet.* Opladen: Westdeutscher, S. 191-211.

Luckmann, Thomas (1997): „Allgemeine Überlegungen zu kommunikativen Gattungen". In: Frank, Barbara (Hrsg.): *Gattungen mittelalterlicher Schriftlichkeit.* Tübigen: Narr, S. 11-18.

Marx, Konstanze/Weidacher, Georg (2014): *Internetlinguistik. Ein Lehr- und Arbeitsbuch.* Tübingen: Narr.

Mitchell, William John Thomas (1986): *Iconology. Image, Text, Ideology.* Chicago: The University of Chicago Press.

Motsch, Wolfgang/Viehweger, Dieter (1981): „Sprachhandlung, Satz und Text". In: *Linguistische Studien*, Reihe A, Heft 80, S. 1-42.

Muckenhaupt, Manfred (1986): *Text und Bild. Grundlagen der Beschreibung von Text-Bild-Kommunikationen aus sprachwissenschaftlicher Sicht.* Tübingen: Narr.

Muckenhaupt, Manfred (1999): „Die Grundlagen der kommunikationsanalytischen Medienwissenschaft". In: Leonhard, Joachim-Felix u.a. (Hrsg.): *Medienwissenschaft. Ein Handbuch zur Entwicklung der Medien und Kommunikationsformen.* Berlin/New York: de Gruyter, S. 28-57.

Nöth, Winfried (2000): „Der Zusammenhang von Text und Bild". In: Brinker, K. et al. (Hrsg.): *Text- und Gesprächslinguistik. Ein internationales Handbuch zeitgenössischer Forschung.* Erster Halbband. Berlin/New York: de Gruyter, S. 489-496.

O'Halloran, Kay (Hrsg.) (2004): *Multimodal discourse analysis. Systemic functional perspectives.* London: Continuum.

Part, Orlando (1966). „Animal ecology". In: *Encyclopedia Britannica* 7, S. 912-23.

Posner, Roland (1986): „Zur Systematik der Beschreibung verbaler und nonverbaler Kommunikation. Semiotik als Propädeutik der Medienanalyse". In: Bosshardt, Hans-Georg (Hrsg.): *Perspektiven auf Sprache. Interdisziplinäre Beiträge zum Gedenken an Hans Hörmann.* Berlin/New York: de Gruyter, S. 293-297.

Rohen, Helena (1981): „Bilder statt Wörter". In: *Zeitschrift für Germanistische Linguistik* 9, S. 308-325.

Sandig, Barbara (2006): *Textstilistik des Deutschen.* Berlin/New York: de Gruyter.

Schmitz, Ulrich (2004): *Sprache in modernen Medien. Einführung in Tatsachen und Theorien, Themen und Thesen.* Berlin: Erich Schmidt Verlag.

Schnee, Christa (1995): *Filmkritiken zwischen Information und Wertung. Untersuchungen zur Sprache der Filmkritik.* Dissertation. Frankfurt am Main.

Schröder, Thomas (2003): *Die Handlungsstruktur von Texten. Ein integrativer Beitrag zur Texttheorie.* Tübingen: Narr Francke Attempto.

Searle, John Rogers (1976): *Sprechakte. Ein sprachphilosophischer Essay.* Frankfurt am Main: Suhrkamp.

Spieß, Constanze (2017): „Textuelle Vernetzungstypen in der Museumskommunikation. Eine pragmatische Analyse von Audioguidekommunikation". In: *Tekst i dyskurs – text und diskurs*, Heft 10, S. 115-139.

Spillner, Bernd (1982): „Stilanalyse semiotisch komplexer Texte. Zum Verhältnis von sprachlicher und bildlicher Information in Werbeanzeigen". In: *Kodikas/Code. Ars Semeiotica* 4/5, S. 91-106.

Stegert, Gernot (1993): *Filme rezensieren in Presse, Radio und Fernsehen.* München: TR-Verl.-Union

Stegu, Martin (1993): *Texte, Bilder, Bildtexte. Möglichkeiten postmoderner Semiotik und Linguistik.* Habilschrift. Wien.

Storrer, Angelika (2000): „Was ist ‚hyper' am Hypertext?" In: Kallmeyer, Werner (Hrsg.): *Sprache und neue Medien.* Berlin/New York: de Gruyter, S. 222-249.

Stöckl, Hartmut (2004a): *Die Sprache im Bild – das Bild in der Sprache.* Berlin/ New York: de Gruyter.

Stöckl, Hartmut (2004b): „Typographie: Gewand und Körper des Textes – Linguistische Überlegungen zu typographischer Gestaltung". In: *Zeitschrift für angewandte Linguistik* 41, S. 5-48.

Straßner, Erich (2001): „Von der Korrespondenz zum Hypertext. Zeitungssprache im Wandel". In: Breuer, Ulrich/Korhonen, Jarmo (Hrsg.): *Mediensprache Medienkritik.* Frankfurt am Main: Peter Lang, S. 87-102.

Škerlavaj, Tanja (2018): „Text und kulturelle Institution. Einige Überlegungen zum Textsortennetz ‚Theater'". In: Pappert, Steffen/Michel, Sascha (Hrsg.): *Sprache im öffentlichen Raum. Kommunikationsformen und Textsorten zwischen Tradition und Innovation.* Stuttgart: ibidem, S. 63-82.

Thim-Mabrey, Christiane (2007): „Linguistische Aspekte der Kommunikation über Kunst". In: Hausendorf, Heiko (Hrsg.): *Vor dem Kunstwerk. Interdisziplinäre Aspekte des Sprechens und Schreibens über Kunst.* München: Wilhelm Fink, S. 99-121.

Tollefsen, Deborah (2015): *Groups as Agents.* Cambridge: Polity Press.

van Leeuwen, Theo (2005): *Introducing social semiotics.* London: Routledge.

Wehde, Susanne (2000): *Typographische Kultur: eine zeichentheoretische und kulturgeschichtliche Studie zur Typographie und ihrer Entwicklung.* Tübingen: Niemeyer.

Wiesinger, Andreas (2010): „Intramediale und intermediale Verweise in Boulevardzeitungen – Vernetzung im Medienverbund". In: Bucher, Hans Jürgen/Gloning, Thomas/Lehnen, Katrin (Hrsg.): *Neue Medien – neue Formate. Ausdifferenzierung und Konvergenz in der Medienkommunikation.* Frankfurt am Main/New York: Campus, S. 301-317.

Wittgenstein, Ludwig (1967): *Philosophische Untersuchungen.* Frankfurt am Main: Suhrkamp.

6.   Anhang

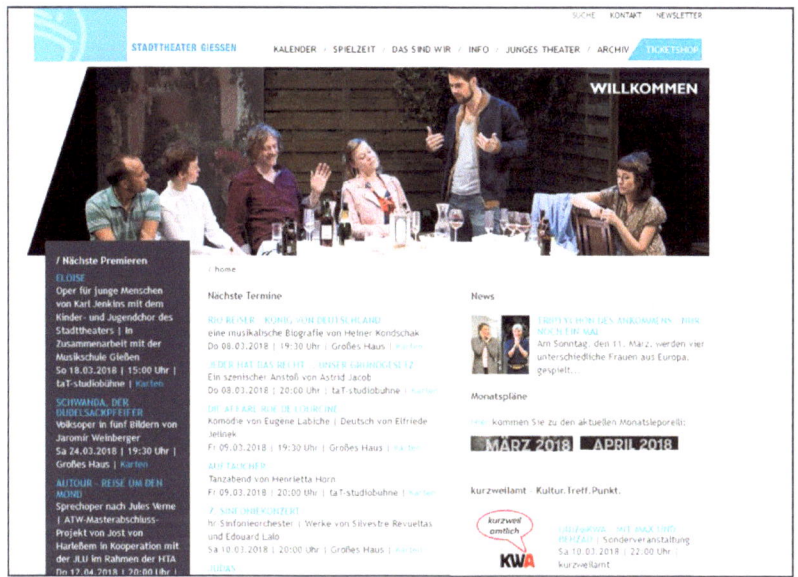

Abb. 1 Website Stadttheater Gießen

Abb. 2 Spielzeitheft Stadttheater Gießen, Spielzeit 2017/18

Abb. 3 Spielzeitheft Stadttheater Gießen, *Spielplan*

Abb. 4 Website Stadttheater Gießen, *Spielzeit*

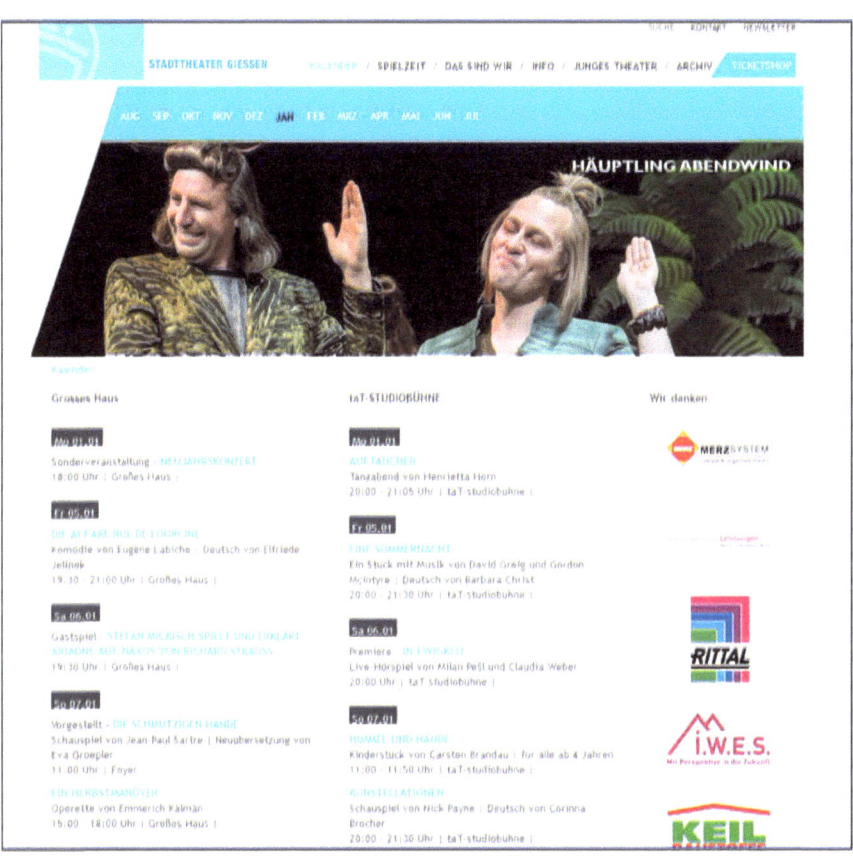

Abb. 5 Website Stadttheater Gießen, *Kalender*

Abb. 6 Spielplan Stadttheater Gießen (Oktober 2017), Vorderseite

Abb. 7 Spielzeitheft Stadttheater Gießen, *Hoppla, wir leben!*

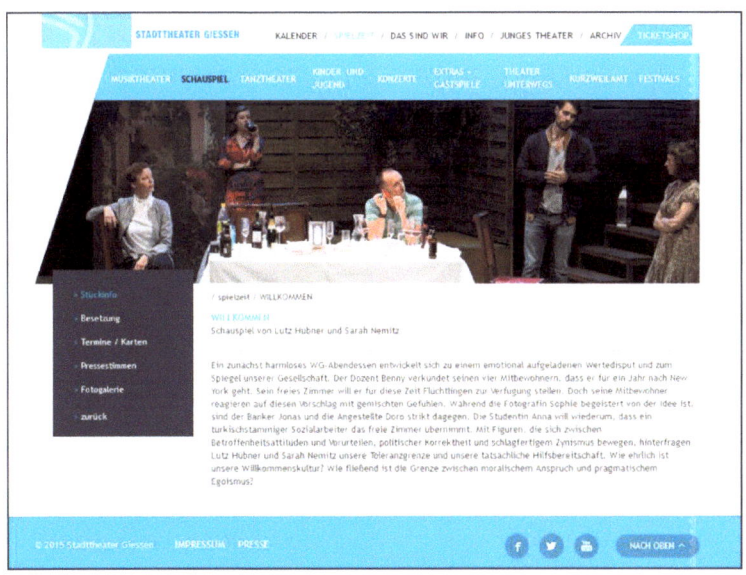

Abb. 8 Website Stadttheater Gießen, *Spielzeit*

Abb. 9 Spielplan Stadttheater Gießen (Oktober 2017), Rückseite

TRIPTYCHON DES ANKOMMENS

Kurzdramen europäischer Autorinnen

Nino Haratischwili / Sofi Oksanen / Terézia Mora

»Ankommen« bedeutet nicht, dass eine Reise tatsächlich zu Ende ist. So wie auch in Europa- und Flüchtlingsfragen noch längst nicht alles geklärt ist. »Triptychon des Ankommens« bietet jede Menge Anregung, in diesem Prozess einen Moment innezuhalten und über den eigenen Standpunkt nachzudenken.

(Gießener Allgemeine Zeitung)

Premiere:
31.08.2017 | 20.00 Uhr | taT-studiobühne

weitere Vorstellungen:
21.10.2017 | 20.00 Uhr
11.11.2017 | 20.00 Uhr
im Anschluss - **nachgefragt**
18.11.2017 | 20.00 Uhr
01.12.2017 | 20.00 Uhr

stadttheater-giessen.de

Abb. 10 Stückzettel, Vorderseite

STADTTHEATER GIESSEN
Intendanz cathérine miville

TRIPTYCHON DES ANKOMMENS

Kurzdramen europäischer Autorinnen

Nino Haratischwili / Sofi Oksanen / Terézia Mora

Premiere: 31.08.2017 | 20.00 Uhr

Marusja kam vor Jahrzehnten ins Land. Sie tat alles für eine erfolgreiche Integration. Heute putzt sie in einem Flüchtlingswohnheim. Was denkt sie über die Neuankömmlinge? – Darja, eine junge Frau aus der Ukraine, ist in finanziellen Schwierigkeiten. Im „BabyDreams"-Katalog inseriert sie als Eizellenspenderin. Die Engländerin Mary versucht, sich endlich ihren Kinderwunsch zu erfüllen. – Mari war früher eine Weltenbummlerin, heute verschanzt sie sich in der eigenen Wohnung. Der einzige Kontakt: ein Flüchtling, dem sie bei der Integration hilft. Die Kurzdramen DIE BARBAREN von Nino Haratischwili, ICH LIEBE DICH SCHON JETZT von Sofi Oksanen und MARI von Terézia Mora erzählen von Frauen, die sich mit der heutigen Lage Europas auseinandersetzen. Das Stück wird an unterschiedlichen Orten in der Gießener Innenstadt aufgeführt: im Atrium des Gießener Rathauses, in der taT-studiobühne sowie der THM.

Inszenierung: **Kirsten Uttendorf**
Bühne und Kostüme: **Thomas Döll**
Dramaturgie: **Monika Kosik**

Mit: **Kyra Lippler, Ewa Rataj**

stadttheater-giessen.de

Vorverkauf | HAUS DER KARTEN
Theaterkasse • Tickets im Dürerhaus
Kreuzplatz 6 | 35390 Gießen
Tel (0641) 79 57 60/61 | Fax (0641) 79 57 64
Mo - Fr 10 - 18 Uhr und Sa 9 - 13 Uhr
Email: theaterkasse@stadttheater-giessen.de

Abb. 11 Stückzettel, Rückseite

TRIPTYCHON DES ANKOMMENS

18.11.2017   20:00 Uhr
taT-studiobühne   Freie Platzwahl
EUR 13,00
Normalpreis

Abb. 12 Eintrittskarte

Drei Kurzdramen an drei Standorten

Abb. 13 Vorankündigung, *Triptychon des Ankommens*

Abb. 14 Newsletter

Abb. 15a Programmheft, Titelseite

Abb. 15b Programmheft, weitere Seiten

HOPPLA, WIR LEBEN!
Schauspiel von Ernst Toller

Karl Thomas	Lukas Goldbach	Inszenierung und Bühne	Thomas Krupa
Pickel I Klavierspieler	Christian Fries	Videografie und Bühne	Stefano Di Buduo (Aesop Studio)
Eva Berg	Anne-Elise Minetti	Kostüme	Thomas Döll
Wilhelm Kilman	Roman Kurtz	Klavierkompositionen	Christian Fries
Albert Kroll I Hausdiener	Tom Wild	Licht	Jan Bregenzer
Frau Meller I Bankdirektorin	Carolin Weber	Dramaturgie	Matthias Schubert
Gefangene I Sekretärin I Grete I Pikkolo	Lotta Hackbeil	Choreografische Mitarbeit	Anthony Taylor
Aufseherin Rand I Lotte Kilman	Paula Schrötter	Regieassistenz und Abendspielleitung	Christine Härter
Leutnant Baron Friedrich I Fritz I Student	Maximilian Schmidt	Ausstattungsassistenz	Aneta Kowalewska
Professor Lüdin I Graf Lande	Frank Albrecht	Inspizienz	Heike Meister, Martina Mivilla
Assistenzarzt I Sohn der	Pascal Thomas	Soufflage	Maria-Christina König
Bankdirektorin I Radiomoderator			

Premiere am 02. September 2017 I 19.30 Uhr I Großes Haus
Dauer der Aufführung: ca. 2½ Stunden I eine Pause

Abb. 15c Programmheft, weitere Seiten

AUF DER SUCHE
NACH VERLORENEN IDEALEN
Notiz zum Stück

Abb. 15d Programmheft, weitere Seiten

Abb. 15e Programmheft, weitere Seiten

Abb. 15f Programmheft, weitere Seiten

Abb. 16 Kritik, *Triptychon des Ankommens*

Abb. 17 Werbeplakat Schauspiel Leipzig

Abb. 18 Facebook-Post Stadttheater Gießen, *Triptychon des Ankommens*

Abb. 19 Spielzeitheft Stadttheater Gießen, *Projekte*

Abb. 20 Spielzeitheft Stadttheater Gießen, Wiederaufnahmen

Abb. 21 Spielzeitheft Stadttheater Gießen, *Theater zum Mitmachen*

Abb. 22 Spielzeitheft Stadttheater Gießen, *Theater und Schule*

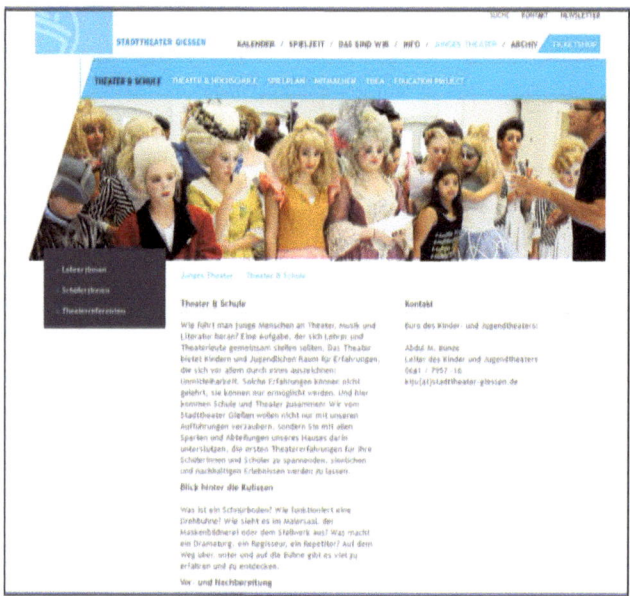

Abb. 23 Website Stadttheater Gießen, *Theater & Schule*

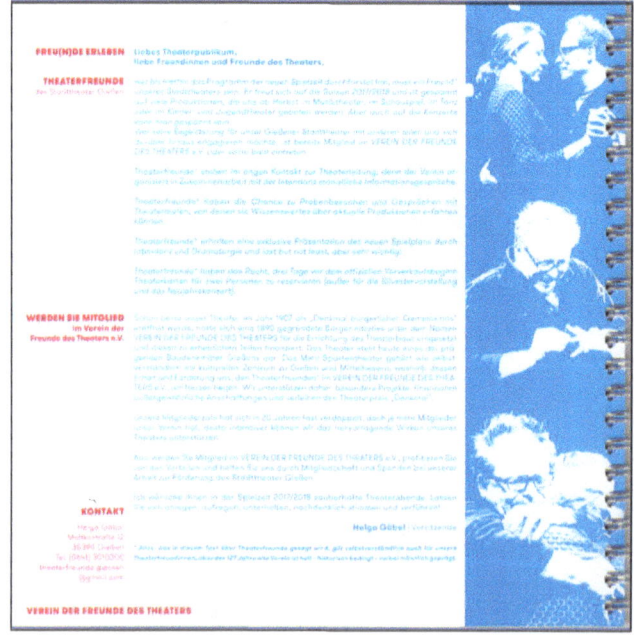

Abb. 24 Spielzeitheft Stadttheater Gießen, *Verein der Freunde*

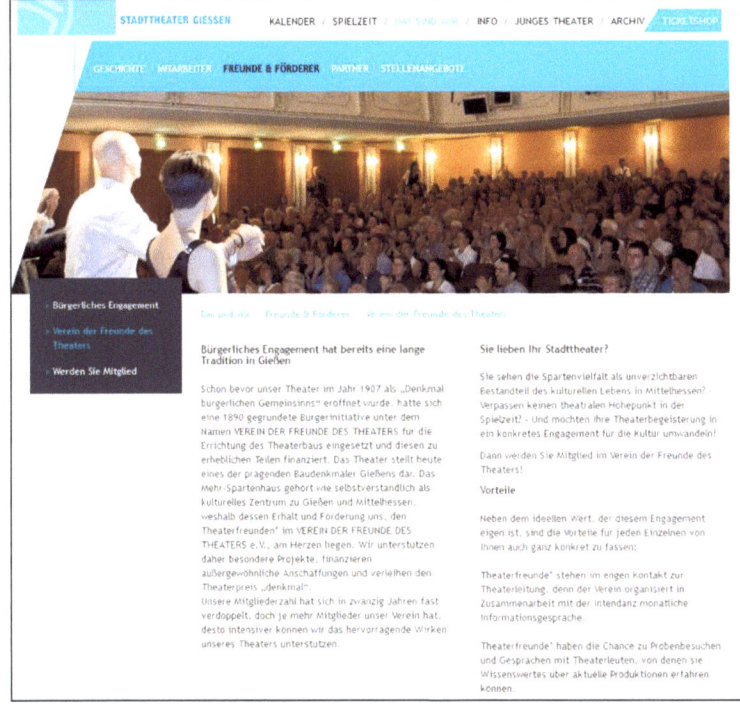

Abb. 25 Website Stadttheater Gießen, *Verein der Freunde*

Abb. 26 Spielzeitheft Stadttheater Gießen, *Personalia*

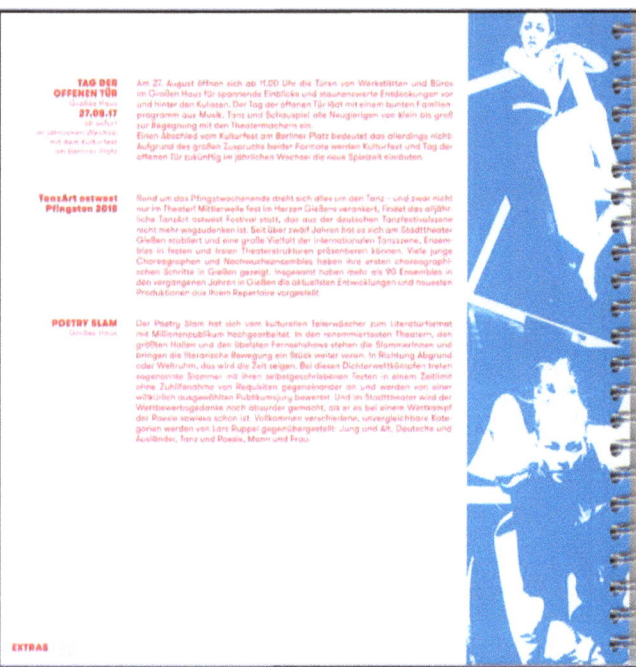

Abb. 27 Spielzeitheft Stadttheater Gießen, *Extras*

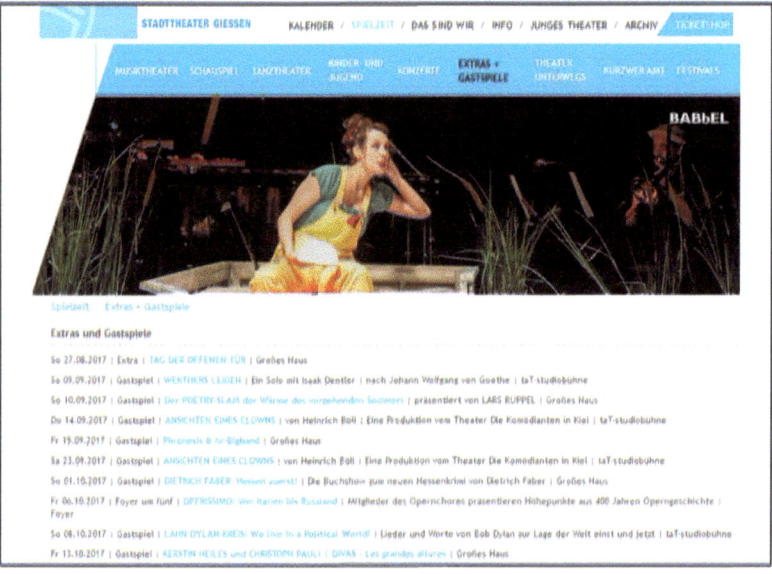

Abb. 28 Website Stadttheater Gießen, *Extras und Gastspiele*

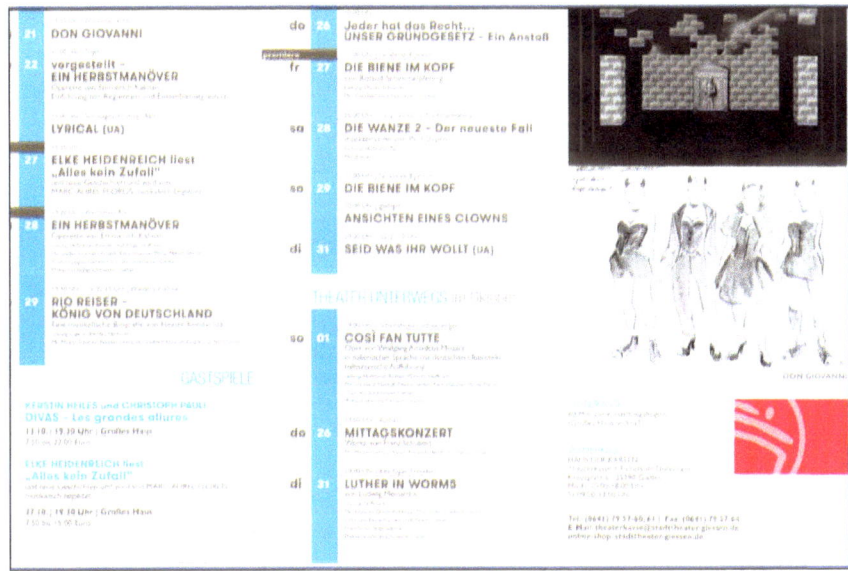

Abb. 29 Spielplan Stadttheater Gießen, *Gastspiele*, *Abendkasse* und *Vorverkauf*

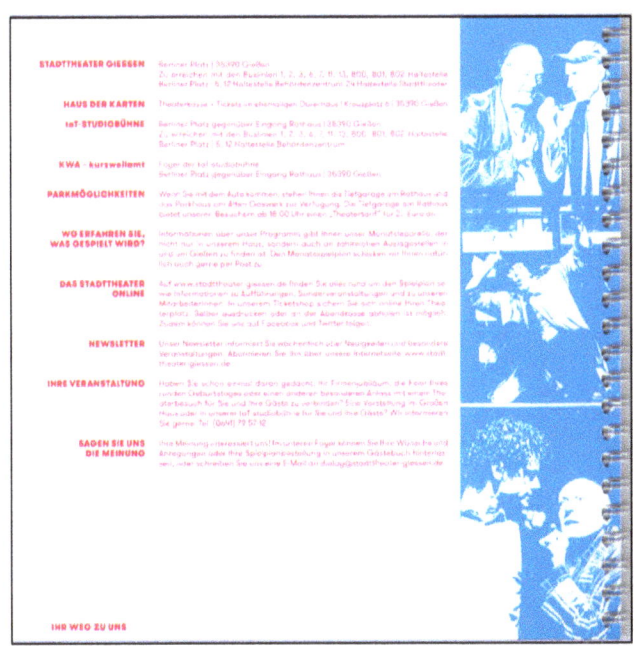

Abb. 30 Spielzeitheft Stadttheater Gießen, *Ihr Weg zu uns*

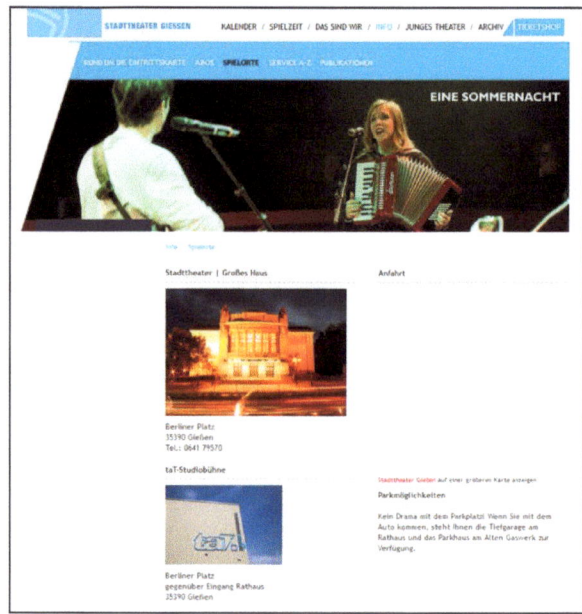

Abb. 31 Website Stadttheater Gießen, *Spielorte*

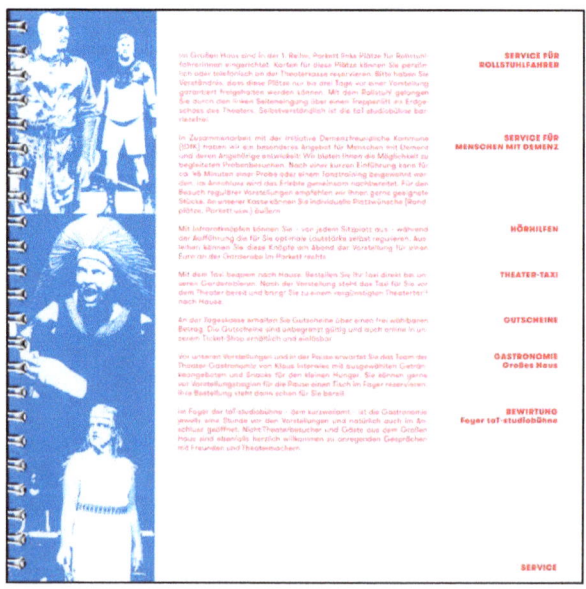

Abb. 32 Spielzeitheft Stadttheater Gießen, *Service*

Abb. 33 Website Stadttheater Gießen, *Service A-Z*

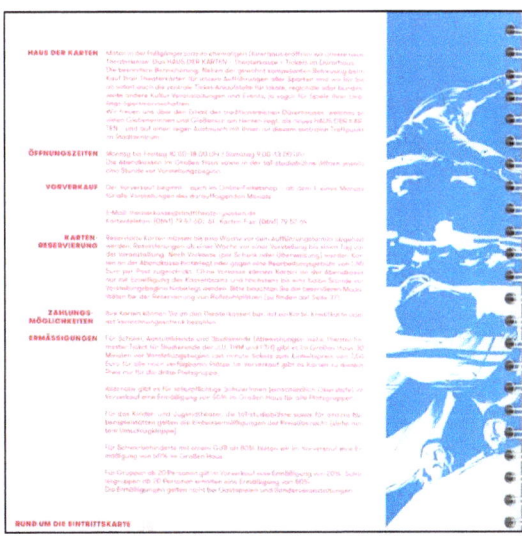

Abb. 34 Spielzeitheft Stadttheater Gießen, *Rund um die Eintrittskarte*

Abb. 35 Website Stadttheater Gießen, *Rund um die Eintrittskarte*

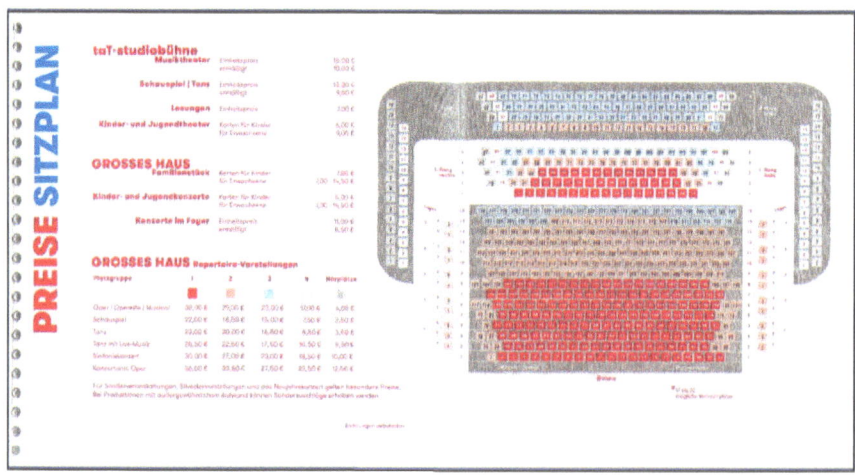

Abb. 36 Spielzeitheft Stadttheater Gießen, *Preise* und *Sitzplan*

Abb. 37a Spielzeitheft Stadttheater Gießen, *Das Abo*

Abb. 37b Spielzeitheft Stadttheater Gießen, *Das Abo* (Rückseite)

Abb. 38a Abo-Heft Leipzig (Titelseite)

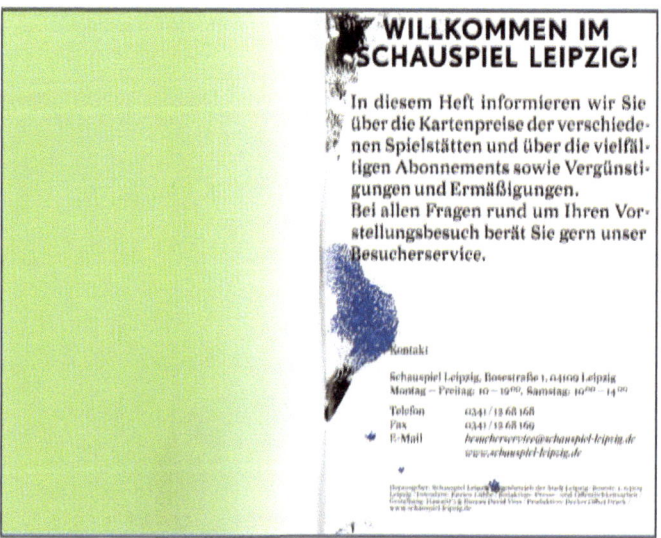

Abb. 38b Abo-Heft Leipzig (erste Seite)

Abb. 39 Website Stadttheater Gießen, Schauspielerporträt

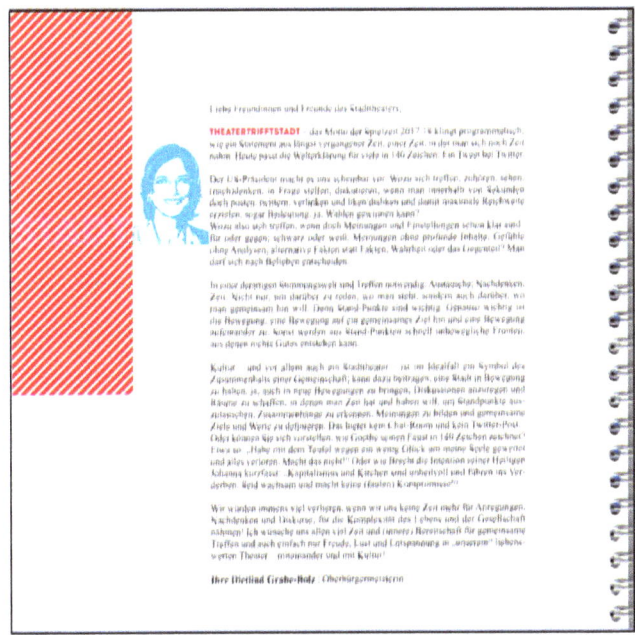

Abb. 40a Spielzeitheft Stadttheater Gießen, Anrede der Bürgermeisterin

Abb. 40b Spielzeitheft Stadttheater Gießen, Anrede der Intendantin

Abb. 41 Facebook-Post Stadttheater Gießen, *Der König von Deutschland*

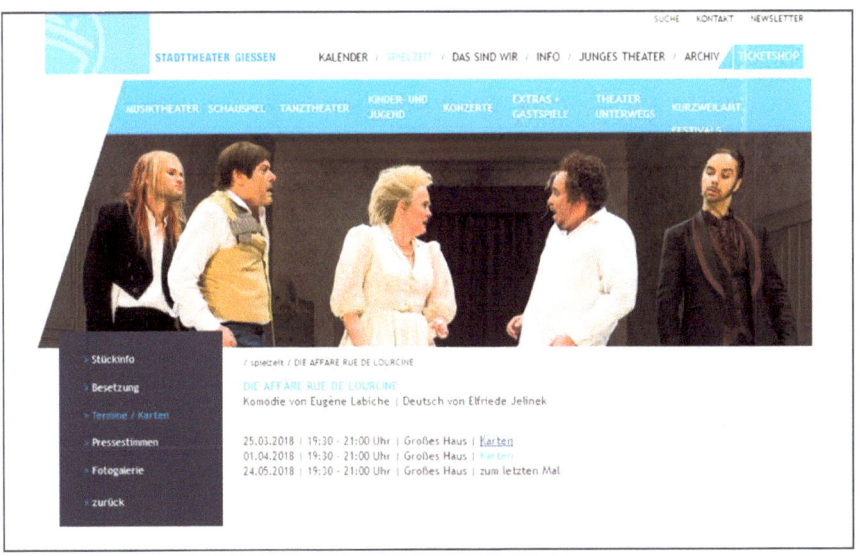

Abb. 42 Werbeplakat Stadttheater Gießen

Abb. 43 Website Stadttheater Gießen, *Termine/Karten*

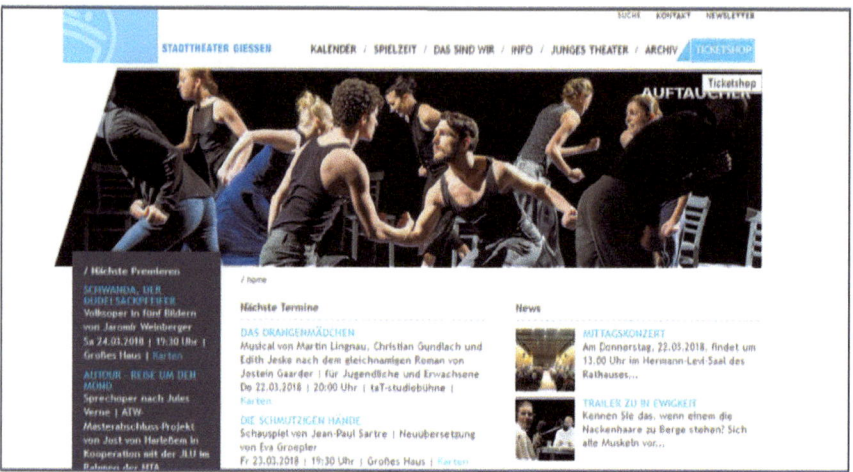

Abb. 44a Website Stadttheater Gießen, *Ticketshop*

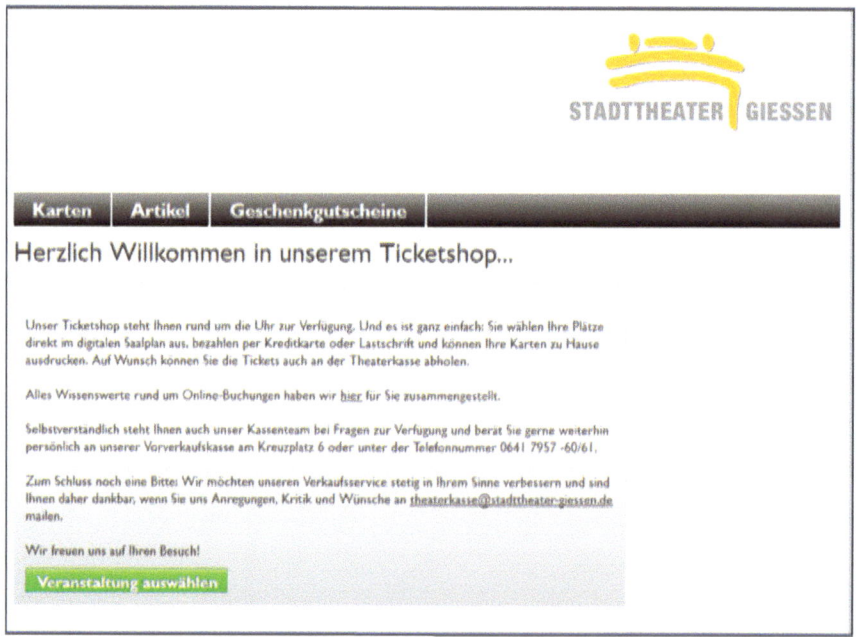

Abb. 44b Website Stadttheater Gießen, *Ticketshop*

Abb. 45 Facebook Stadttheater Gießen, Link zum Ticketshop

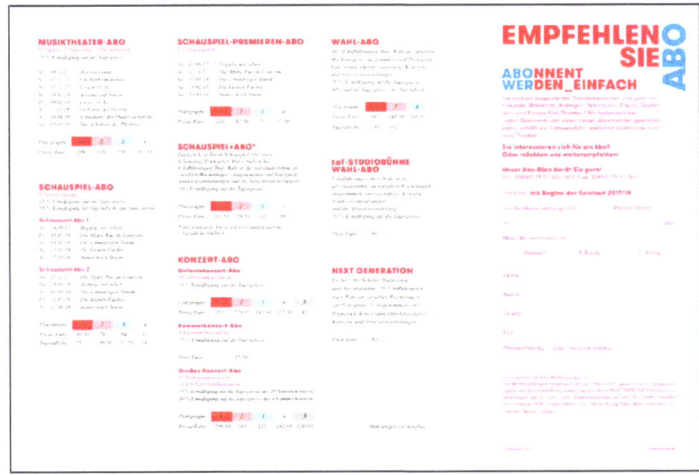

Abb. 46 Spielzeitheft Stadttheater Gießen, Abo-Formular

STADT GIESSEN

Lichtspielerei im Tollhaus

Schauspiel, Musik und Video – all das wirkt in Thomas Krupas Inszenierung von »Hoppla, wir leben!« im Stadttheater gleichberechtigt zusammen. Doch am Ende können die schönen Lichtmalereien und die musikalischen Einlagen nicht darüber hinwegtäuschen, dass Ernst Tollers Stück im Grunde schneller erzählt sein müsste. Die zweieinhalbstündige Inszenierung hat ihre Längen.

03. September 2017, 18:37 Uhr

Karola Schepp

Hier stehen die Genossen noch vereint im wogenden Netz aus Licht. Doch schon bald wird Karl Thomas (Lukas Goldbach, 2 v. l.) erkennen müssen, dass seine Freunde beim Marsch durch die Institutionen ihre Ideale verkauft haben. (Foto: Wegst)

Ich habe früher nie gesehen, wie wenig Menschen Gesichter haben. Fleischklumpen die meisten – Dieser Satz des Karl Thomas ist zentral im Schauspiel »Hoppla, wir leben«. Der Revolutionär der Räterepublik erkennt nach seiner Entlassung aus der Psychiatrie, dass die Genossen von einst in der Zwischenzeit längst ihre Ideale verraten und sich mit den Gegebenheiten arrangiert haben. Sie haben als Minister, Gewerkschaftsfunktionäre oder Polizeistrippenzieher Karriere gemacht.

Was der Pazifist Ernst Toller in seinem 1927 uraufgeführten Stück beschreibt, lässt sich leicht auf heutige Zustände übertragen. Wie einst die Weimarer Republik, so ist auch die heutige Demokratie bedroht. Populisten wollen ihr an den Kragen und der Idealismus der Gründerzeit Europas schleift sich an ungarischen Grenzzäunen und türkischen Erpressungsversuchen ab. Aber auch im Kleinen ist mancher »Fund« längst zum »Realo« geworden.

In dieser Zeit will das Stadttheater mit seiner Auftaktpremiere, einem Stück über den Sinn und Irrsinn von Demokratie, Diktatur und Revolution, ein Ausrufezeichen setzen. So weit so gut. Doch leider ist das dramatisch eher dürftige Stück nur bedingt geeignet, ein solch großes Paket an Erwartungen zu stemmen – zumal Regisseur Thomas Krupa, so ähnlich wie es »Politheater«-Legende Erwin Piscator bei der Uraufführung getan hatte, seine Inszenierung noch mit musikalischen und optischen Finessen zusätzlich auflädt. Elektronische Musik trifft nun unvermittelt auf Lieder im Stil von Hans Eissler, Videokunst auf historische Filmaufnahmen. Intrarevolutionäre Parolen der Weimarer Zeit auf leicht zu überhörende Anspielungen auf aktuellen Zoff mit der Türkei – eine wirkliche Aktualisierung des rund 90 Jahre alten Stückes ist das nicht. Die wilde Melange ist für den ein oder anderen Zuschauer offenbar zu viel auf einmal und eine Handvoll verlässt schon bald den Saal.

Räume aus Licht

Videokünstler Stefano DiBuduo erschafft für Krupas »Tollhaus« zumindest im Teil vor der Pause sehr ästhetische Räume aus Licht. Erst überziehen in strenger Schwarz-Weiß-Optik geometrische Muster in der Formensprache des Bauhaus die komplette Szenerie. Dann verwandelt eine semitransparente Konstruktion, auf der Jahreszahlen als Zahlenkolonnen laufen, die Bühne zum Ministerium. Anschließend werden in grellen Neonfarben und mit fluoreszierender Gesichtsbemalung die angeblich so goldenen Zwanzigerjahre in einem Lokal persifliert. Das für die Zuschauer nicht immer ganz unanstrengende Hinschauen macht da durchaus Spaß und sorgt immer wieder für optische Überraschungseffekte, die gerade dann gut tun, wenn die Schauspieler wieder einmal alle durcheinander sprechen müssen.

Auch die von Christian Fries komponierte und live auf der Bühne am Klavier gespielte Musik gehört zum Gesamtkunstwerk. Fries, der auch als freakiger Bürger Pickel immer wieder in die Spielszenen eintaucht, schlägt einzelne Töne und Taktfolgen an oder spielt Lieder im Stil der Weimarer Zeit, zu denen die Schauspieler – warum auch immer auf Englisch – singen. Pure Begleitung im Sinne von Stummfilmmusik ist das nicht.

Allzu oft stehen die Schauspieler beim Sprechen im Dunkeln. Agiert wird vorwiegend als Gruppe im hinteren Bereich der Bühne, schließlich scheint es Regisseur Krupa um den optischen Gesamteindruck zu gehen und nicht wirklich um die einzelnen Figuren. Nette Effekte einerseits – zu wenig Konzentration auf Wesentliches andererseits. Schon die Eingangsszene, in der sich Lukas Goldbach als Karl Thomas in unregensten Sinne durchs Leben boxt, erscheint nervtötend lang. Die Szene vom Aufeinandertreffen alter Protagonisten im Ministerium ist zu diffus.

Lukas Goldbach macht mit seinem Spiel deutlich, wie sehr Karl Thomas an der Welt, in der die unerfreuliche Wirklichkeit »krumm gebogen wird«, verzweifelt. Gewohnt glaubhaft wirken auch Roman Kurtz als vom Revolutionär zum aalglatten Minister mutierter Wilhelm Kilman, Anne-Elise Minetti als desillusionierte Gewerkschafterin und Tom Wild als charakterloser Politakteur sowie Carolin Weber als skrupulose Bankdirektorin mit Christine Lagarde-Frisur, Maximilian Schmidt als fieser Naziheubnant und rechter Attentäter. Gastschauspieler Frank Albrecht als adeliger Intrigant und Pascal Thomas als Radiomoderator können in kleineren Rollen überzeugen. Paula Schröter, neu im Ensemble, gibt als überhebliche Ministertochter mit Sinn für effektvolles Posieren im Stil der Butikoplara, aber auch als kaltherzige Aufseherin ihren gelungenen Einstand. Lotta Hackbarth, ebenfalls neu im Ensemble, changiert gekonnt zwischen naivem Fräulein, tanzfreudigem Piccolo und devoter Sekretärin.

Der lautstarke Applaus einiger Zuschauer am Ende für Schauspieler und Regieteam, aber auch das vorzeitige Verlassen des Saals anderer aus dem Publikum, zeigen, dass »Hoppla, wir lebeh« kein leicht zugänglicher Einstieg in die neue Spielzeit ist. Die ästhetischen Lichtmalereien von Stefano DiBuduo sind es aber allemal wert, sich das Stück anzusehen. Möglich ist das noch am 9. und 24. November, 14. Oktober, 3. November und 1. Dezember.

Artikel: https://www.giessener-allgemeine.de/regional/stadtgiessen/Stadt-Giessen-Lichtspielerei-im-Tollhaus;art71,308535

© Giessener Allgemeine Zeitung 2018. Alle Rechte vorbehalten. Vervielfältigung nur mit vorheriger schriftlicher Genehmigung.

Abb. 47 Kritik, *Hoppla, wir leben!*

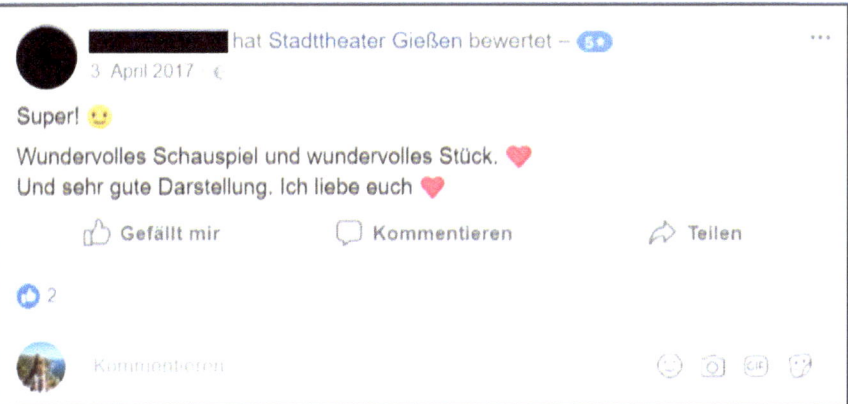

Abb. 48 Facebook-Bewertung Stadttheater Gießen

Keine Antwort auf das Internet

PREMIERE „Like Heimat I like" liefert an vielen Stellen Paradebeispiele für gescheiterte Kommunikation / Technik kontra Skepsis

Abb. 49 Kritik, *Like Heimat I like*

Gießener Allgemeine
13. Juni 2017

Stückentwicklung über Digitalisierung

Gießen (pm). Die letzte taT-Produktion der Spielzeit hat am morgigen Mittwoch, 14. Juni, um 20 Uhr Premiere im taT. »Like heimat I like« ist ein Stück von Milan Pešl und Falk Rößler an der Schnittstelle zwischen Theater und Live-Radio.

Das Internet, seine Geräte sowie seine Institutionen sind feinste zeitgenössische Mystik. Nur wenige Nutzer verstehen sie im Detail und trotzdem sind sie im privaten wie beruflichen Alltag auf sie angewiesen. Globale Vernetzung und die potenzielle Verfügbarkeit jeder Datei von jedem Punkt der Welt aus sind ebenso praktisch wie beängstigend. Nach den Jahren rückhaltloser Begeisterung setzt zunehmend Skepsis ein, die Frage kommt auf: Was haben wir uns da nur eingebrockt? Und kommen wir aus der Nummer noch raus? Die Regisseure Milan Pešl und Falk Rößler rücken gemeinsam mit den Schauspielern Marlene-Sophie Haagen, Petra Soltau und Rainer Hustedt den dystopischen Szenarien gegenwärtiger Kommunikationstechnologie auf den Leib. In einer Mischung aus Theater, Performance, Live-Radio und Live-Hörspiel hinterfragen sie, was Heimat bedeutet, ob die digitale Welt unsere neue Heimat ist und ob wir überhaupt noch ohne Internet leben können. Weitere Vorstellungen sind am 17., 22. und 25. Juni um 20 Uhr. Im Anschluss an die Vorstellung vom 22. Juni findet ein »nachgefragt« statt.

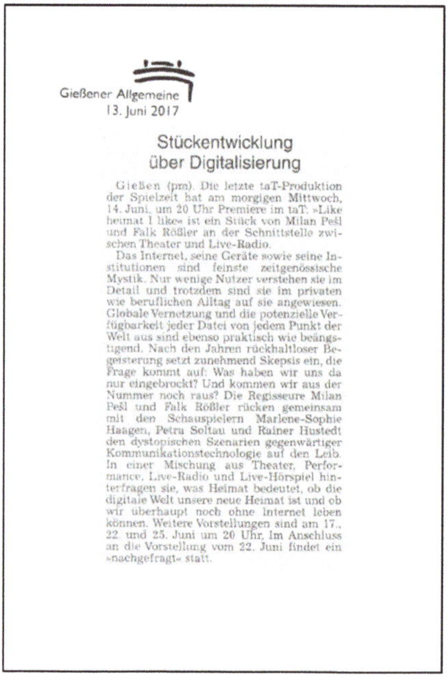

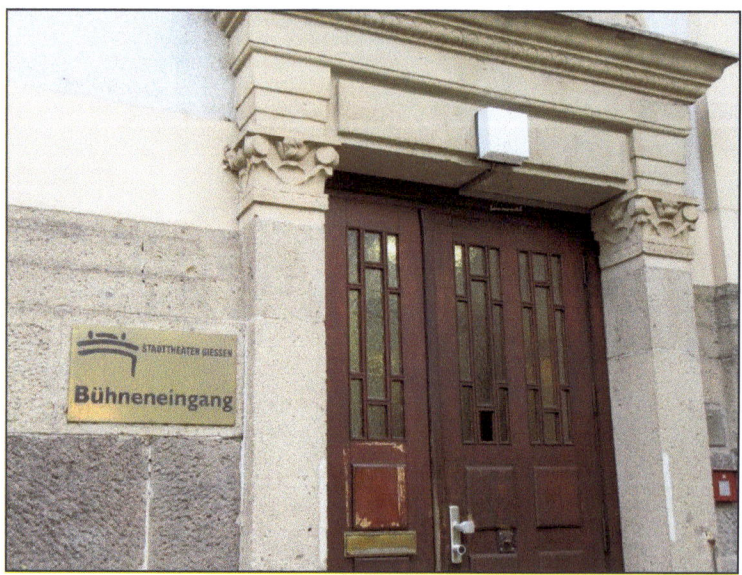

Abb. 50 Vorankündigung, *Like Heimat I like*

Abb. 51 Schild *Bühneneingang*

Abb. 52 Twitter Stadttheater Gießen

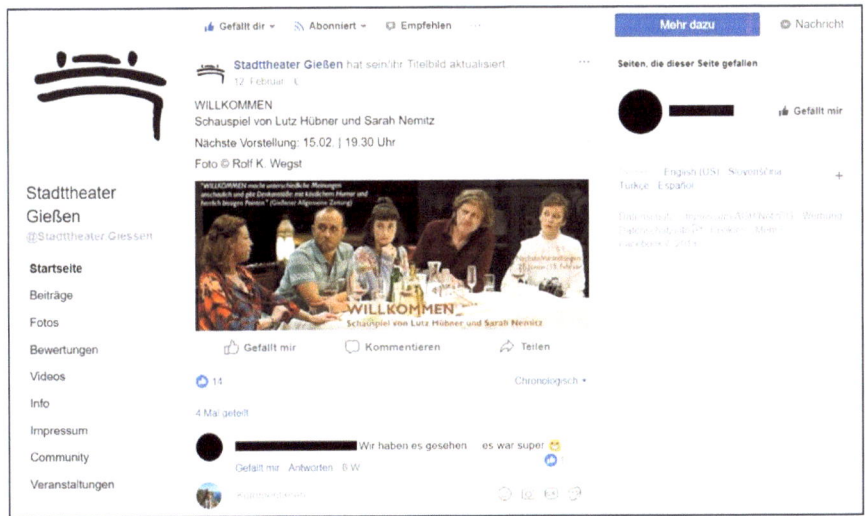

Abb. 53 Facebook-Kommentar Stadttheater Gießen

Abb. 54 Kritik, *Triptychon des Ankommens*

Abb. 55 Kritik, *Diebe*

Abb. 56a Postkarte, Vorderseite

SCHAUSPIEL LEIPZIG *im* ZOO LEIPZIG

Der Löwe Alois, der Elefant Oskar und die Giraffe Leonie berufen die erste Konferenz der Tiere ein, um den Frieden unter den Menschen durchzusetzen — der unschuldigen Kinder wegen. Doch schnell wird den Konferenzteilnehmern klar, dass sie ein paar Tricks anwenden müssen, damit die Menschen sie auch ernst nehmen ... In einer Mischung aus Schauspiel und Puppenspiel erschaffen Roscha A. Säidow und ihr Team eine „Spiel im Spiel"-Situation, in der die Einmischung der Tiere in den menschlichen Irrlauf tatsächlich eine gute Möglichkeit wäre.

| PREMIERE Fr. 30. 6. 17 |

Sa, 1. 7.	So, 9. 7.	Mo, 17. 7.	Di, 25. 7.
So, 2. 7.	Mo, 10. 7.	Di, 18. 7.	Mi, 26. 7.
Mo, 3. 7.	Di, 11. 7.	Mi, 19. 7.	Sa, 29. 7.
Di, 4. 7.	Mi, 12. 7.	Sa, 22. 7.	So, 30. 7.
Mi, 5. 7.	Sa, 15. 7.	So, 23. 7.	Mo, 31. 7.
Sa, 8. 7.	So, 16. 7.	Mo, 24. 7.	

ZOO LEIPZIG — Pfaffendorfer Str. 29, 04105 Leipzig

Vorstellungsbeginn jeweils 16.00
Karten sind im Vorverkauf bis 29. 6. ausschließlich
über das Schauspiel Leipzig erhältlich.
Kartentelefon: 0341 12 68 168 / *www.schauspiel-leipzig.de*
Ab 30.6. sind Karten ausschließlich im Zoo Leipzig erhältlich.
Informationen im Safari-Büro
Telefon: 0341 59 33 385 / *www.zoo-leipzig.de*
Veranstaltungshotline für Reservierungen: 0341 59 33 377
*Der Eintritt zur Vorstellung ist nur in Kombination
mit einem Zoo-Tagesticket möglich.*

Abb. 56b Postkarte, Rückseite

Abb. 57 Streichholzschachtel

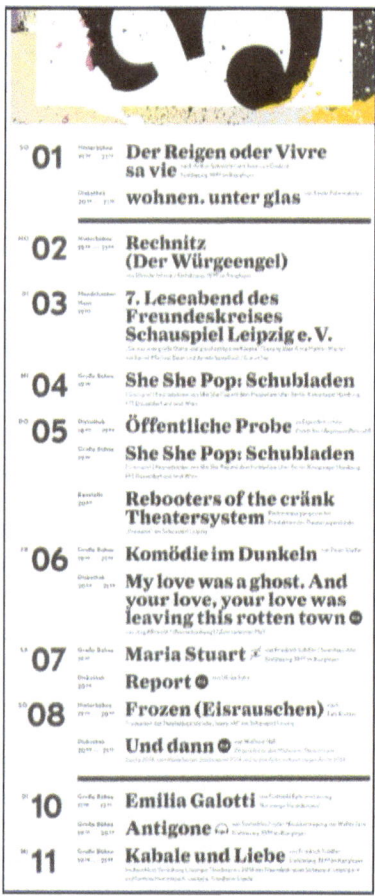

Abb. 58 Spielplan Schauspiel Leipzig (März 2015), Vorderseite

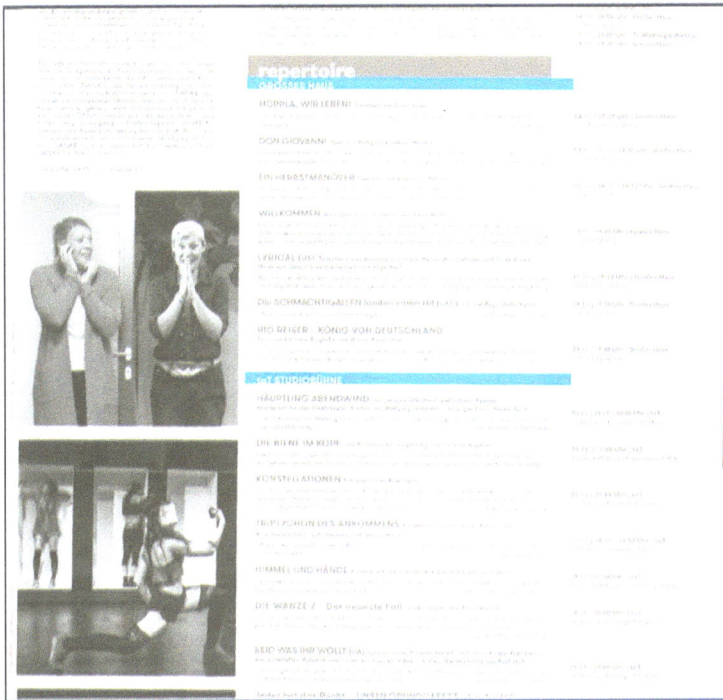

Abb. 59 Spielplan Stadttheater Gießen (November 2017), Rückseite

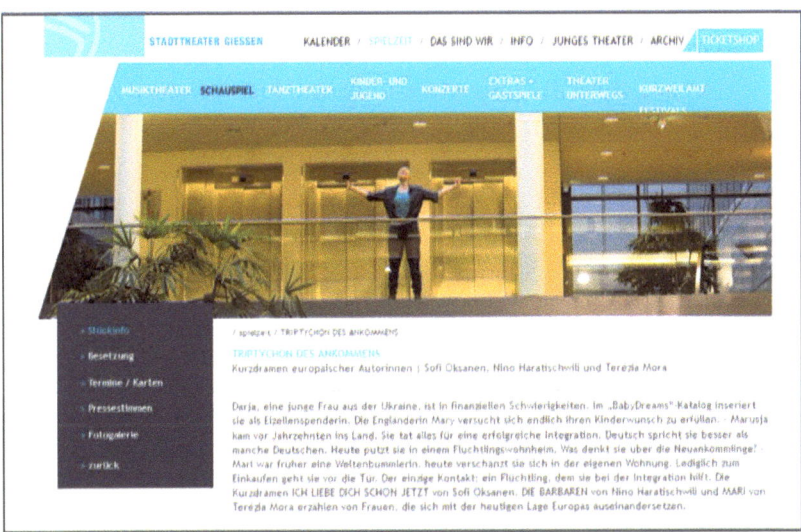

Abb. 60a Website Stadttheater Gießen, *Stückinfo*

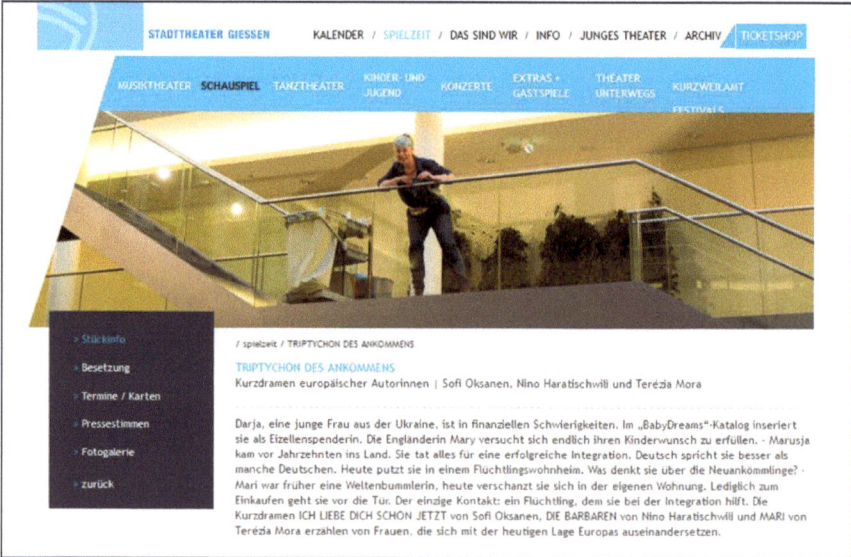

Abb. 60b Website Stadttheater Gießen, *Stückinfo*

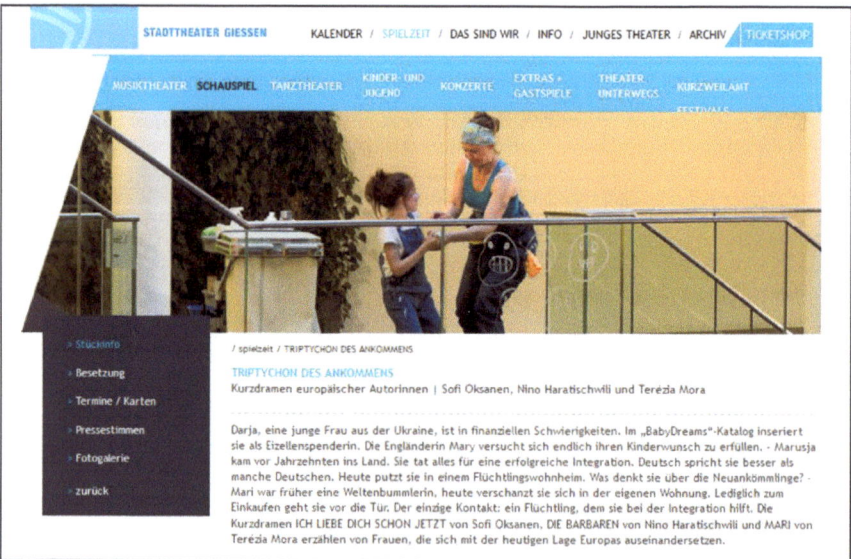

Abb. 60c Website Stadttheater Gießen, *Stückinfo*

Abb. 61 Facebook Schauspiel Leipzig, Spielzeittrailer

Liebe Leipzigerinnen und Leipziger,
sehr geehrte Theaterbesucher,

dieses Heft und dieses Vorwort entstehen zu einer Zeit, die für unser Haus äußerst erfolgreiche Nachrichten gebracht hat: die Einladung für „89/90" zum 54. Berliner Theatertreffen 2017, dem Gipfeltreffen des deutschsprachigen Theaters, bei dem jährlich die zehn bemerkenswertesten Inszenierungen der Saison gezeigt werden. Und, nur wenige Tage später, die Einladung für „KRUSO" zu den Autorentheatertagen 2017 am Deutschen Theater Berlin.

Dass die beiden Inszenierungen, die zusammen die Eröffnung der vergangenen Spielzeit „Woher Wohin" bildeten, zu den wichtigsten deutschsprachigen Theater-Festivals eingeladen worden sind, freut mich nicht nur außerordentlich als Auszeichnung dieser Produktionen: Es sind auch beispielhafte Inszenierungen für den inhaltlich-theatralen Zugriff auf Stoffe und die Verhandlung der Themen der Gegenwart am Schauspiel Leipzig. So heißt es in der Jury-Begründung des Theatertreffens, „89/90" verhandle den „großen Epochenumbruch des Mauerfalls, zugleich wird die Geschichte einer fundamentalen Spaltung erzählt, die bis in die bundesdeutsche Gegenwart fortdauert: An der Rechts-Links-Kreuzung wählte man zwischen autoritärem Nationalismus und selbstverantwortlicher Freiheit."

Dass die Aufführungen von „89/90" bereits vor der Theatertreffen-Einladung außerordentlich gut besucht waren, ebenso wie die vieler anderer Inszenierungen, so dass wir am Schauspiel Leipzig aktuell eine Auslastung von 80 % ansteuern, ist für mich der sehr erfreuliche Beleg, dass Qualität und Zuschauerzuspruch in Leipzig Hand in Hand gehen. Mit dieser Bestätigung starten wir nun in die fünfte Spielzeit, die unter meiner Leitung und der meines Teams steht. Das Motto, das wir uns für die kommende Saison gegeben haben, lautet: „Angst oder Liebe" — auf den Seiten 34 und 35 dieses Heftes stellen wir Ihnen dieses Motto näher vor.

Eine der wichtigsten Neuerungen, die diese Spielzeit bringt, ist der Neubau unserer Zweitspielstätte „Diskothek" im Erdgeschoss des Schauspielhauses. Dass dieser Theaterneubau entstehen konnte, ist ein großartiges Zeichen der Unterstützung unserer künstlerischen Arbeit durch die Stadt Leipzig. Hierfür möchte ich mich im Namen aller Mitarbeiterinnen des Schauspiel Leipzig noch einmal ganz herzlich bedanken. Im November 2017 werden wir diese Spielstätte eröffnen — und dort weiterhin präsentieren, wofür nun wiederum die Diskothek deutschlandweit eine Qualitäts-Marke geworden ist: einen Spielplan, der ausschließlich der Gegenwartsdramatik und Autorenförderung gewidmet ist. Diese Programmierung setzen wir fort und werden gleichzeitig neue Akzente und Blickerweiterungen geben (mehr dazu auf Seite 68).

Mit einer programmatischen Neuausrichtung und baulichen Veränderung hin zu mehr Dialog und künstlerischer Flexibilität eröffnet auch die Residenz, die in dieser Saison erstmals vollständig vom neuen künstlerischen Leiter der Spielstätte, Thomas Frank, kuratiert wurde. Auch dort werden Sie neue Formate und Ideen entdecken, die den Projekt- und Werkstattcharakter dieser Spielstätte im europäischen Kontext ausbauen werden (mehr dazu auf Seite 84).

Unsere Überzeugung, dass das Schauspiel als Theater der Stadt Leipzig auf vielen Wegen in die Stadt hineinwirkt und mit ihr zusammenarbeitet, hat zu zahlreichen Projekten geführt, die wir mit Institutionen wie dem Gewandhaus zu Leipzig, dem Zoo Leipzig, dem Ballett der Oper Leipzig, der Musikschule „Johann Sebastian Bach" und dem Museum der bildenden Künste ebenso wie mit Partnern der Freien Szene umgesetzt haben. Die kommende Saison wird unter anderem die gefeierte Kooperation mit dem Leipziger Ballett in Form einer neuen Premiere auf unserer Großen Bühne fortsetzen, was uns außerordentlich freut.

Eine Kooperation der besonderen Art begann in der letzten Spielzeit mit der Stiftung Bürger für Leipzig für das Projekt der Inklusionspatenschaften, im Rahmen unserer seit vier Jahren währenden Arbeit, das Schauspiel Leipzig barrierefreier zu gestalten. Neben dem Ausbau des taktilen Leitsystems für blinde und sehbehinderte Menschen fanden seit Oktober 2013 über 40 Vorstellungen mit Audiodeskription statt — womit das Schauspiel Leipzig durch die Kontinuität des Angebots weiterhin eine Vorreiterrolle einnimmt und das Land Sachsen bei den Inklusionstagen 2016 in Berlin auf Einladung der Bundesministerin für Arbeit und Soziales vertrat. Diesem Impuls zur Erweiterung der Barrierefreiheit folgte im April eine erste Vorstellung, die mittels GebärdensprachdolmetscherInnen für gehörlose ZuschauerInnen angeboten wurde.

Zu den wichtigen Bausteinen unserer Arbeit im Sinne des Stadtbezuges gehören auch die partizipativen Projekte und Clubs, die regelmäßig unter dem Dach des Schauspiel Leipzig arbeiten, von Jugendclubs bis hin zu den „spielfreudigen" Seniorinnen und Senioren. Alle diese Clubs und ihre künstlerische Arbeit wollen wir in dieser Spielzeit erstmals gebündelt und fokussiert in Form eines mehrtägigen Festivals am Haus präsentieren — mit der „Club Convention" im April 2018. Die Arbeit unseres sehr erfolgreichen Jugendclubs „Sorry, eh!" wird darüber hinaus explizit ausgebaut: mit einem Leipziger Auftragswerk, dessen Entwicklung jugendliche Spielerinnen und Spieler gemeinsam mit Mitgliedern unseres Ensembles zur Uraufführung bringen.

Last but not least freuen wir uns, erstmals am Schauspiel Leipzig die Verleihung des Theaterpreises DER FAUST im November 2017 als Gastgeber präsentieren zu dürfen. ○

Ich wünsche Ihnen und uns allen eine erfolgreiche, anregende und interessante neue Spielzeit!

Bleiben Sie uns weiter so gewogen!

Ihr

Enrico Lübbe

3

Abb. 62 Spielzeitheft Schauspiel Leipzig, Spielzeit 2017/18

Abb. 63 Programmheft Stadttheater Gießen, Rückseite

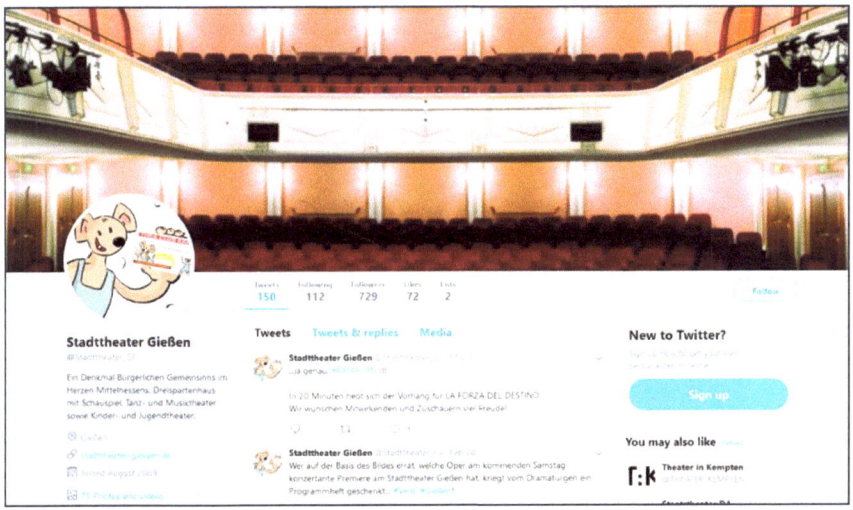

Abb. 64 Twitter Stadttheater Gießen

Abb. 65 Ortsgebundener Text *Haus der Karten*

Abb. 66 Gästebuch Stadttheater Gießen

Abb. 67 Ortsgebundener Text *Stadttheater*

Abb. 68 Wegweiser *Theaterkasse*

Abb. 69 Ortsgebundener Text *Eingang nur beim Pförtner*